Scham – Komponenten, Determinanten, Dimensionen

Europäische Hochschulschriften
Publications Universitaires Européennes
European University Studies

Reihe VI
Psychologie

Série VI Series VI
Psychologie
Psychology

Bd./Vol. 701

PETER LANG
Frankfurt am Main · Berlin · Bern · Bruxelles · New York · Oxford · Wien

Wolfgang Kalbe

Scham – Komponenten, Determinanten, Dimensionen

PETER LANG
Europäischer Verlag der Wissenschaften

Bibliografische Information Der Deutschen Bibliothek
Die Deutsche Bibliothek verzeichnet diese Publikation in der Deutschen Nationalbibliografie; detaillierte bibliografische Daten sind im Internet über <http://dnb.ddb.de> abrufbar.

D 18
ISSN 0531-7347
ISBN 3-631-50309-1

www.peterlang.de

„Unsere inneren Angelegenheiten sind keine Schlachten von Instinkt und Realität, sondern haben mit dem Verständnis und der Überwindung von Scham, ihren Auslösern und ihrer Häufigkeit zu tun."

(Michael Lewis, 1995)

Inhaltsverzeichnis

I. Einleitung

1. Scham – Stand der Forschung

Noch bis ins Jahr 1980 wurde bemängelt, dass die psychologische Erforschung von Emotionen vernachlässigt wird. Auf dem Kongress der Deutschen Gesellschaft für Psychologie spricht Scherer von einer „fast sträflich zu nennende(n) Vernachlässigung“ der Emotionsforschung (Scherer, 1981). In den vergangenen 20 Jahren hat sich die Situation stark verändert. In verschiedenen Bereichen der Psychologie setzte eine Hinwendung zur theoretischen und empirischen Erforschung von emotionalen Phänomenen ein. Euler & Mandel sprechen 1983 von der „Emotionalen Wende“ (vgl. Euler & Mandel, 1983). Diese „Wende“ bezieht sich nicht auf alle Emotionen. Waren Zorn und Furcht und die Komplexe der Angst häufig Gegenstand von Untersuchungen, so blieb „Scham“ als Thema für den wissenschaftlichen Diskurs marginal. Izard schreibt dazu, dass Scham einen wichtigeren Platz in der Emotionsforschung und den Verhaltenswissenschaften verdiene (vgl. Izard, 1994). So zeigen z.B. Untersuchungen der verschiedensten pathologischen Zustandsbilder vielgestaltige Schamphänomene und Abwandlungen des normalen Verhaltens und Empfindens, die von großem wissenschaftlichen und psychotherapeutischen Interesse sind (Kuhn, 1973). Es kann angenommen werden, dass der Mangel an Empirie eine Folge des wissenschaftlichen, ethischen Anspruchs ist, die Menschenwürde durch experimentelle Beschämung des Individuums nicht zu verletzen. Hinsichtlich dieser Überlegung stellt sich jedoch die Frage, weshalb gibt es so zahlreiche Studien zur Angst oder zur Aggression? Als Erklärung bietet sich an, dass neben ethischen Ansprüchen methodische Schwierigkeiten in *der* Art bestehen, dass Schamgefühle hinsichtlich ihrer verbalen Äußerungen die am meisten verborgene bzw. kontrollierte Emotion darstellt (Wallpott & Scherer 1986).

Die häufig anzutreffende Meinung, dass das Schamgefühl nur Ballast für den Menschen darstelle und dass es deshalb besser wäre, wenn Schamregungen abtrainiert bzw. abgewöhnt würden, bringt Kuhn (1973) in einen Zusammenhang mit einer Art von „Caféhauspsychologie“, die unechte Schamphänomene zu enthüllen vermag, sich aber zugleich der Möglichkeit beraubt, echte Phänomene auch nur zu sehen. Dasselbe, so der Autor gilt für die vielen Abhandlungen zum Thema, die sich nicht ernsthaft mit der bestehenden wissenschaftlichen Situation auseinandersetzen, die Sachverhalte prüfen und adäquat zu erfassen suchen (ebd.).

Wenig öffentliche empirische Studien gibt es über Komponenten, Determinanten und Dimensionen der Emotion Scham, damit sind u. a. personell-situative Einflüsse gemeint, die Schamreaktionen nachhaltig vermindern oder verhindern, verursachen oder verstärken können. Gefragt wird auch nach typischen, scham-auslösenden Reizen und Verhaltensweisen bzw. Kombinationen von beiden. Michael Lewis (1995): „Wenn wir feststellen würden, dass zwischen Ereignissen und Verhaltensweisen ein Zusammenhang besteht, könnten wir daraus vielleicht eine sinnvolle Scham-Theorie ableiten." Gefragt wird nach Scham-Anlässen, -Komponenten, -Determinanten, psychogenen, soziogenen und somatogenen Variablen, die die Schamempfindungen beeinflussen. Die vorliegende Arbeit soll Bausteine zur Entwicklung einer Scham-Theorie beisteuern.

2. Aufbau und Ziel der Arbeit

Die hier vorgestellten empirischen Untersuchungen beschreiben Analysen typischer Anlässe für Schamreaktionen und deren Komponenten des Erlebens. Außerdem werden Relationen zwischen Schamgefühlen und akuten psychogenen und soziogenen Beschwerden aufgezeigt.

Ziel dieser Arbeit ist es, unter Berücksichtigung der oben genannten praktischen und theoretischen Probleme mit Hilfe der Mechanismen der Aktualgenese die kognitive und physiologische Basis von Schamgefühlsregungen zu erhellen sowie die personellen und situativen Einflüsse auf das Ausmaß dieser komplexen emotionalen Reaktion zu analysieren.

Die Arbeit ist in einen theoretischen und empirischen Teil gegliedert. Der Aufbau des theoretischen Teils beschäftigt sich mit der Beschreibung des Begriffs Scham, den Modellen, Entstehungstheorien und Prozessen von Emotionen sowie deren Erfassung unter besonderer Berücksichtigung von Schamgefühlen. Es folgt die konzeptionelle Beschreibung der Emotion Scham, dazu gehören die auslösenden Reize und die Phänomenologie, die physiologischen Reaktionen, die Kognitionen unter Beachtung der attributionstheoretischen Ansätze sowie der Selbstwerttheorien und das Ausdrucksverhalten. Im weiteren werden die Phylogenese, die Ontogenese, die Funktionen und Determinanten der Scham, die psychischen Belastungen, bei denen Scham eine relevante Rolle spielen, und die sogenannten „Schamsyndrome“ (Kaufmann, 1989, Wurmser, 1993) referiert.

Im Rahmen dieser Arbeit werden die aufgeführten theoretischen Sachverhalte über Scham und Emotionen nicht in allen Einzelheiten behandelt. Vieles wird nur angeschnitten oder gar nicht referiert. Deshalb wird auf weitere Literatur zu den Emotionen im Allgemeinen, zu Schamgefühlen im Speziellen, zu den Selbstwerttheorien und psychopathologischen Störungen innerhalb der einzelnen Kapitel hingewiesen.

Der empirische Teil der Arbeit beinhaltet eine dreistufige Untersuchungsanordnung, in der anfangs typische, schamauslösende Reize gesammelt und analysiert werden. Aus den gewonnenen Daten wird ein Situationsbewertungsinventar entwickelt, dass im zweiten Untersuchungsschritt Versuchspersonen zur Einschätzung vorgelegt wird. Für die Ermittlung typischer Schamreaktionen, deren Komponenten und Determinanten wird die Auswertung mit Hilfe einer dreimodalen Faktorenanalyse durchgeführt (vgl. Cattell, 1966 u. 1984; Krolak-Schwerdt, 1991). Es werden Items ermittelt, um einen reduzierten Schamreaktions-Fragebogen (SFB) zu erstellen, der im dritten Teil der Studie zusammen mit einer standardisierten Symptomcheckliste soziogener und psychogener Beschwerden, einer weiteren Stichprobe zur Beantwortung dargeboten wird. Mit Hilfe verschiedener Tests und Analysen werden Schamreaktionsformen dargestellt und deren allgemeine und spezifische Subkomponenten und Determinanten beschrieben. Danach werden die Schamreaktionsformen mit grundlegenden psychogenen und soziogenen Variablen der betroffenen Individuen in Verbindung gesetzt um der Frage nach „Schamsyndromen“ (s.o.) nachzugehen.

Abschließend werden die Ergebnisse auf der Grundlage der beschriebenen Literatur diskutiert.

II. Grundlagen- und Theorieteil

1. Scham: Bedeutung, Sprache

1.1. Bedeutung

Zur Bedeutung der Scham schreibt Max Scheler (1957): „Die einzigartige Stellung und Lage des Menschen im großen Stufenbau der Weltwesen, seine Lage zwischen dem Göttlichen und Tierischen, kommt in keinem Gefühl so klar, so scharf und so unmittelbar zum Ausdruck wie im Gefühl der Scham. ... Er (der Mensch) schämt sich in letzter Linie seiner selbst und ‚vor' dem Gott in ihm". Michael Lewis (1995) vermerkt, dass Scham mit dem individuellen Konflikt zwischen der Selbstverwirklichung, der Autonomie und der Bindung an die Gesellschaft zu tun hat: „Wenn wir die Scham verstehen, verstehen wir etwas vom Wesen des Menschen."

Genaue Untersuchungen haben ergeben, dass die Entstehung der Schamphänomene für die alten Kulturvölker und die abendländische Zivilisation hohe Bedeutung für die Entfaltung und Entwicklung des menschlichen Geistes haben (Gerson, 1919; Elias, 1969). Nietzsches Ausspruch: „Oh, mein Freund! So spricht der Erkennende: Scham, Scham, Scham – das ist die Geschichte des Menschen" bekräftigen die Ergebnisse dieser Untersuchungen (Kuhn, 1973). Nach Hultberg (1987) ist Scham einer der wichtigsten Affekte[1], der eine außerordentlich bedeutende Rolle im menschlichen Sozialisationsprozess sowie der Selbstfindung darstellt. Den Stellenwert, den Scham bezüglich der Psychodynamik bei neurotischen Störungen einnimmt, wird unterschätzt und oft übersehen. Scham ist ein „fundamentaler emotionaler Faktor" des menschlichen Daseins und ein „gewaltsames Gefühl", das auch einen Menschen nach 50 Jahren „zusammenzucken und wünschen lässt, dass er tief in der Erde versinken möge" (Hultberg, 1987). In der Psychopathologie spielt die Scham eine große, aber oftmals ganz unerkannte oder

---

[1] Der Begriff Affekt wird synonym für starkes Gefühl verwendet (Dorsch, 1994, S. 271), bedeutet aber nach Izard (1981): „... ein allgemeiner, unspezifischer Begriff, der alle bisher genannten motivationalen Zustände und Prozesse einschließt. ... Der affektive Bereich umfasst auch Zustände oder Prozesse, in denen einer der Affekte (Emotionen, Triebe) mit Wahrnehmung oder (anderer) Kognition verbunden ist oder interagiert." M. Lewis (1993) nennt alle „ihrem Wesen nach nichtkognitiven" Zustände Affekte – d.h. auch Körperempfindungen wie Hunger, Müdigkeit, Schmerz usw.

verkannte Rolle. Untersuchungen der verschiedensten pathologischen Zustandsbilder zeigen vielgestaltige Schamphänomene und deren Abwandlungen des Verhaltens und Empfindens, die von großem wissenschaftlichem Interesse und vor allem von psychotherapeutischer Bedeutung sind (Kuhn, 1973). Scham liegt den meisten Formen seelischer Erkrankungen zugrunde. Diesen Zusammenhang beschreibt Gershen Kaufmann (1989) wie folgt: „Scham ist ein Affekt, der Ursache vieler komplexer und besorgniserregender innerer Zustände ist: Depression, Entfremdung, Selbstzweifel, Einsamkeit und Isolation, paranoide und schizoide Phänomene, Zwangsneurosen, Spaltung des Ichs, Perfektionismus, schwere Minderwertigkeitsgefühle, die so genannten Borderline-Persönlichkeitsstörungen und narzisstische Störungen."

1.2. Etymologie

Aus dem Althebräischen sind zwei Stämme für den Begriff Scham bekannt: *bôs* und *hpr*. Das ältere Wort *bôs* gehörte ursprünglich zur Sexualsphäre, erlangte aber später zusätzliche soziale Bedeutung. Das zweite Stammwort *hpr* drückt den „Ansehensverlust" einer Person aus (Klopfstein, 1972). Auch im Altgriechischen und Lateinischen gibt es zwei Stämme für Scham. Das frühe homerische *aidos* für Phallus und Ehrfurcht und das spätere griechische Wort *aischyne* für Unehre (Laser, 1983). Der Begriff *pudor* steht im Lateinischen für sexuelle Scham und Unehre, *verecundia* bedeutet Scheu und Zurückhaltung (Petschenig, 1974).

Die Etymologie des deutschen Begriffs ist sehr alt. Das Wort entstammt der germanischen Wurzel *skam/skem* und ist zurückzuführen auf den indogermanischen Ausdruck *kam/kem*: „zudecken, verschleiern, verbergen" (Kluge, 1975). Das vorangestellte „s" (skam) fügt die reflexive Bedeutung hinzu – „sich zudecken". Das althochdeutsche Wort *scama* = „Schamgefühl, Beschämung, Schande" wurde erstmals im 8. Jahrhundert schriftlich erwähnt. Schande bezeichnet den objektiven Tatbestand und ist älter als das Wort Scham, das das subjektive Erleben in einer Situation charakterisiert (Kuhn, 1973).

1.3. Begriffsanwendung und Synonyme

Im Deutschen gibt es umgangssprachlich eine Vielzahl von angewandten Synonymen für Scham und Beschämung bzw. Beschämt-Sein und Sich-Schämen[2]. Im folgenden sind einige der Gebräuchlichsten aufgeführt: Verlegenheit, Bloßstellung, Befangenheit, Sich-Zieren, Betretenheit, Peinlichkeit, Berührt-Sein, Sich-Genieren, Schmach, Schande, Schuld, Scheu.

Wegen der vielen englischen Veröffentlichungen hier noch eine Auswahl gebräuchlicher englischer Synonyme für das Wort *shame*: *bashfullness* = Schüchterne Verschämtheit, *shyness* = Scheu, *guilt* = Schuld, *embarrassment* = Verlegenheit, *modesty* = sexuelle Scham, Zurückhaltung (Dougall, 1920).

Mit Scham und Sich-Schämen wird die Reaktion zum Erleben des Bloßgestellt-Seins, Versagt-Habens, dem Ehrverlust u. ä. bezeichnet, häufig begleitet mit vegetativen, physiologischen Sensationen (Dorsch, 1994, s. u. Theorien).

Siedenbiel (1991) ist der Auffassung, dass das Schamgefühl am oberen Ende eines emotionalen Kontinuums das unangenehmste Gefühl ausdrückt.

Tabelle: Übersicht über den Begriffskontext der Scham aus der Sicht verschiedener Autoren (vgl. Izard, 1994; Rost, 1990)

Tomkins:	Demütigung, Niederlage, Verfehlung, Entfremdung.
M. Lewis:	Schüchternheit, Scheu, Bescheidenheit, Verlegenheit, Kränkung, Demütigung, Geringschätzung, Verachtung des Selbst, Unzulänglichkeit, Gelähmtheit, Beschämung.
Zimbardo:	Befangenheit, Sorge um das Management des Eindrucks auf andere, Sorge um soziale Einschätzung und anderes mehr.
Modigliani:	Verlust der Selbstachtung.

Die Anwendung des Schambegriffs unterteilt sich im wesentlichen in vier Gruppen:

---

[2] Wissenschaftlich werden die Begriffe differenziert angewendet (siehe unten).

a) Mit „Sich-Schämen" oder „Scham" ist das Gefühl des Effekts und der emotionalen Erfahrung gemeint. Die Verwendung des Verbs lässt die folgenden Kombinationen zu: Eine Person kann sich für etwas, vor jemandem, vor jemandem für etwas oder sich vor jemandem für jemanden für etwas schämen.
b) Scham als (Fremd-)Beschämung
c) Scham zur Benennung charakterlicher Merkmale: Scheu bzw. Schamhaftigkeit vor/für Nacktheit, vor sexuellen/sozialen Verhaltensweisen
d) Bezeichnung für die äußeren weiblichen Geschlechtsteile

2. Scham im Kontext der Emotionsforschung

2.1. Emotionen

Das Schamerleben wird von den meisten Forschern zu den Emotionen gezählt (vgl. Izard 1994). Deshalb soll an dieser Stelle auf die Emotionen näher eingegangen werden.

Das Wort Emotion (Synonym: Gefühl, Affekt = starkes Gefühl (s. auch Fußzeile S. 1, engl.: *affect*)) leitet sich vom lateinischen Begriff *emovere* ab und bedeutet „herausbewegt", oder „erschüttert" (Dorsch, 1994). Der Begriff Gefühl lässt sich nicht definieren, sondern lediglich umschreiben, da er sich auf nichts anderes zurückführen lässt. Gefühle sind demnach Erlebnisse wie z.B. Freude, Ärger, Zuneigung, Angst, Scham, Trauer und dgl. In den Emotionen manifestieren sich „persönliche Stellungnahmen des Individuums zu den Inhalten seines Erlebens (Wahrnehmung, Vorstellung, Gedanken), wobei meist eine Lust oder Unlustbetonung" gegeben ist[3] (ebd.). Mit ihrer Gleichung: „Ich fühle = ich bin in etwas involviert", verweist Agnes Heller (1982) auf den Aspekt der persönlichen Bezogenheit. Dieses Involviertsein kann sich auf vieles richten: auf andere Menschen, andere Gefühle, Vorgänge, Situationen, auf das Selbst, auf ein Problem, eine Idee usw.. Zusammenfassend konstatiert Michael Lewis (1995): „'Gefühl' bedeutet, in einem emotionalen Zustand zu sein *und* von ihm zu wissen." Umgangssprachlich wird der Begriff Gefühl aber auch häufig für die Wahrnehmung körperlicher Zustände wie Schmerz, Hunger, Müdigkeit u. dgl. oder für Ahnungen, Vermutungen usw. (s. Fußnote S. 1) angewendet.

---

[3] Die Dimension „Lust oder Unlust" ist nicht für alle Gefühle charakteristisch.

Es gibt noch keine umfassende Theorie der Emotionen, dafür aber eine Vielzahl von konkurrierenden Definitionen und Modellen zur Entstehung von Emotionen.[4] Izard (1981/1994) schreibt, dass die meisten Theorien explizit oder implizit anerkennen, dass Emotionen komplexe Erscheinung sind. Es ist nicht möglich, sie vollständig zu beschreiben, indem ein Mensch aufgefordert wird, sein emotionales Erleben zu schildern. Ebenso wenig reichen die Beschreibungen elektrophysiologischer Messungen von Vorgängen im Gehirn, im Nervensystem oder im Kreislauf-, Atmungs- und Drüsensystem aus. Auch die Messung expressiver oder motorischer Verhaltensweisen, die häufig die Emotion begleiten, sind nicht hinreichend, um das komplexe Phänomen Emotion in seiner Vollständigkeit zu referieren. Eine zusammenfassende Beschreibung einer Emotion verlangt komplexe Vorgehensweisen und muss die folgenden drei Komponenten gleichermaßen einbeziehen:

a) das Erleben oder das bewusste Empfinden des Gefühls
b) die Prozesse, die sich im Gehirn und im Nervensystem abspielen und
c) das beobachtbare Ausdrucksgebaren, „besonders das im Gesicht." (Izard, 1994, S.20).

Dieter Ulich (1995) definierte seine Arbeitshypothese der Gefühlsregungen als

1. „einzigartige, auf der
2. Grundlage von Betroffenheit und meist
3. unwillkürlich entstehende,
4. innerhalb zwischenmenschlicher Beziehungen erworbene, meist
5. über nichtverbale Kanäle vermittelte,
6. seelische, auf das eigene Bewusstsein bezogene Zustände, die meist mit einem
7. erhöhten Grad körperlicher Erregung erlebt werden, in denen sich die
8. Person als eher passiv erfährt und die dem
9. Bewusstsein und Erleben Kontinuität verleihen sowie
10. keine primäre Funktion außerhalb ihrer selbst haben."[5]

---

[4] Übersichten zu den wichtigsten theoretischen Ansätzen zur Entstehung von Emotionen finden sich bei Euler & Mandl (1983), Izard (1981/1994), Mayring (1992), Meyer, Schützwohl, Otto, Mandl (2000), Reisenzein, (1993), Scherer (1990), Reisenzein (1993 und 1997), Schmidt-Atzert (1996), Schützwohl & Ulich, D. (1995), Ulich, D. (1995) und Ulich & Mayring (1992).
[5] Weitere Arbeitshypothesen finden sich bei Mandl et al. (2000).

Einigkeit besteht darüber, dass bei der Aktualgenese einer Emotion, die durch ein Ereignis, eine Situation oder durch den Gedanken an ein Ereignis bzw. an eine Situation ausgelöst wird, die folgenden Ebenen beteiligt sind:[6]

- physiologische Aktiviertheit wie körperliche Unruhe (z.B. Verspannung, Hitzewallung, Herzrasen, Erröten, ...)
- kognitive Bewertungen und Sichtweisen (z.B. Ich möchte im Boden versinken, ich bin hilflos, das ist peinlich, das finde ich toll, ...)
- körperlich motorische Reaktion (z.B. Lächeln, Stirnrunzeln, Weinen, ...)
- subjektiver, bewusst erlebter Gefühlszustand (z.B. fühle mich schlecht, fühle mich gut, ...), Verhaltensbereitschaft bzw. Handlungsimpuls (z.B. weggehen ...)

2.1.1. Emotion und Kognition

Wie Körper, Geist und Emotionen miteinander verknüpft sind, d.h. welches System das andere *wie* beeinflusst, ist nicht hinreichend geklärt. Die schon von Aristoteles aufgeworfenen Fragen werden in der Psychologie als „Sequenzproblem" diskutiert (Mees, 1985). Dörner (1985) vergleicht die funktionale Beziehung von Kognition und Emotion zueinander mit dem Verhältnis zwischen Fluss und Landschaft: „Der Fluss schiebt Landschaften auf, durchbricht Barrieren und formt so die Landschaft, die andererseits wiederum dem Fluss seinen Lauf vorschreibt". Dies würde vereinfacht bedeuten, dass Emotionen den Lauf der Kognitionen grob vorgeben und selbst wiederum von den Kognitionen moduliert werden (s. auch die Kapitel 2.2.3; 5.0; 6.0).[7]

Aus der Gehirnforschung ist bekannt, dass die Verbindungen zwischen präfrontalem Kortex und Limbischen System[8] für das Zusammenspiel von Emotion und Kognition verantwortlich sind. Diese Verbindungen münden in einen Bereich, der als „Orbitofrontaler Kortex" bezeichnet wird (Ledoux, 1998). Aus neueren Unter-

---

[6] Siehe zur Aktualgenese von Schamgefühlen die folgenden Literaturangaben: Buss, (1980), Darwin (1872/1970), Goffman (1957, 1971), Izard (1994), H.B. Lewis (1987), M. Lewis (1995), Mayring (1992), Meyer, W.-U., Schützwohl & Reisenzein (1993 und 1997), Rost (1990), Scherer (1990), Schmidt-Atzert (1996), Schützwohl & Ulich, D. (1995), Ulich, D. (1995), Ulich & Mayring (1992), Wurmser (1993).

[7] Mandl et al. (2000) beschreiben einen neueren Theorieansatz, der Kognition und Emotion als Aspekte eines Phänomens - des menschlichen Handlungsmodells integriert.

[8] Im Limbischen System spez. die Hypophyse (Mandelkern)

suchungen (bei Säugern) geht hervor, dass der rechte Präfrontallappen der Sitz für negative Gefühle wie Furcht oder Ärger darstellt, während der linke Lappen diese negativen Emotionen kontrolliert bzw. eindämmt. Studien bei Menschen mit Hirnverletzungen unterstützen diese Annahmen[9] (Giannotti, 1972). Antonio Damaiso (1994) bekräftigt, dass sich das rationale Denken nicht nur auf den Neokortex, den „denkenden Teil des Gehirns", sondern auch auf ältere Hirnbereiche wie den Mandelkern und andere mit ihm verbundenen, tieferen Regionen stützt. Gefühle, so Damaiso, sind für die Rationalität unerlässlich. Bei Patienten mit Läsionen des präfrontalen Kortex lösen Bilder, die zum Neokortex gelangen, keine emotionalen, assoziativen Bezüge mehr aus. Dadurch wirken alle Reize für die betroffene Person neutral (ebd.; Ledoux, 1998).

2.1.2. Emotion und Autonomes (Vegetatives) Nervensystem

Die physiologische Psychologie[10] (ph. Ps., synonym: biologische Psychologie) befasst sich mit der physiologischen psychologischen Interaktion im lebenden Organismus, von den Tätigkeiten bzw. Reaktionen des gesamten Verhaltens des Organismus (Organe, Gewebe, Organkomplexe usw.) in seiner Wechselwirkung mit den verschiedensten Umweltreizen (vorrangig psychologisch-kognitiven) und dem psychologischen Erleben (Dorsch, 1994).

Die Psychophysiologie, für welche in dieser Arbeit als Synonym auch ph. Ps. gebraucht wird, untersucht im wesentlichen die Beziehung zwischen Verhalten und physiologischen Prozessen, die indirekt die Tätigkeit des Vegetativen Nervensystems (VNS) wiederspiegeln (u. a. Herzfrequenz, Atmung, Hautwiderstand, Erröten) (ebd.). Von großem Interesse in der Emotionsforschung ist die Frage nach spezifischen physiologischen Reaktionsmustern von Emotionen. Es gibt verschiedene Theorien, die nebeneinander in Konkurrenz stehen (eine detaillierte Übersicht geben Schandry, 1988; Fahrenberg, 1992).

---

[9] Schlaganfallpatienten, dessen linker präfrontaler Kortex beschädigt war, neigen zu „katastrophalen" Sorgen und Ängsten; war die rechte Seite betroffen, so waren sie „unangemessen" fröhlich und albern und erkannten ernste Situationen kaum mehr.

[10] Schon in der Antike spielte die ph. Ps. eine wesentliche Rolle. So wurde festgestellt, dass emotionales Erleben mit physiologischen Veränderungen insbesondere der Erfolgsorgane des autonomen Nervensystems einhergehen. Die neuzeitliche systematische Abhandlung zur ph. Ps. geht auf Joh. Müller (1838) zurück und wurde vor allem durch die Arbeiten von Wundt (1893/1911), E. Weber und Fechner (1860/1966), die die Psychologie primär auf physiologische Methodik begründeten, gefördert (Fechner führte 1860 den Begriff Psychophysik ein).

Übersicht relevanter Theorien zu spezifischen physiologischen Reaktionsmustern von Emotionen:

- Emotionen werden begleitet von unspezifischer autonomer Erregung. Erst kognitive Prozesse geben der Erregung Bedeutungsinhalte, die dem Gefühl das „label“ einer spezifischen Emotion geben (Schachter & Singer 1962).
- Spezifische physiologische Reaktionsmuster von Emotionen sind Reaktionstypen abhängig. Light (1987) unterscheidet den aktiv meisternden und den passiv erduldenden emotionalen Typus.
- Physiologische Begleiterscheinung von Emotionen sind auf individualspezifische Reaktionen zurückzuführen. Damit ist gemeint, dass Individuen auf gleiche Reize konsistente, individualspezifische autonome Erregungsmuster zeigen (Lacey 1950, Lacey & Lacey 1958, Engel 1960).
- Knobloch & Knobloch (1979) sind der Auffassung, dass je nach Art und Intensität des Stimulus ein biologisch optimales individuelles Reaktionsmuster gezeigt wird. Individuelle Abweichungen, vom Mittel der Reaktionsmuster einer Bezugsgruppe, könnten als Abweichungen erfasst werden.

Bei Untersuchungen spezifischer physiologischer Reaktionsmuster von Emotionen sind häufig widersprüchliche Resultate ermittelt worden. So kam z.B. Ax (1953) zu dem Resultat, dass eine Erniedrigung der Herzfrequenz bei Furcht eintrete, Ekmann, Leveson & Friesen (1983) maßen dagegen eine Erhöhung der Herzrate bei Furchtgefühlen. Diese Widersprüche sind häufig auf „Kontexteinflüsse der Emotionsinduktion“ bei Laboruntersuchungen zurückzuführen (Stemmler 1989).

Nach Fahrenberg (1992) lassen sich einige der heterogenen Theorien zu den physiologischen Reaktionsmustern von Emotionen verbinden, indem multiple Analysen des Kovariations-Schemas Variable/Person/Situation angemessen berücksichtigt werden.

Als kritische Anmerkung zur Erforschung von Emotionen konstatiert Joseph Ledoux (1998): „Wir wollen Feststellungen über eine bestimmte Emotion nicht mit Feststellungen über andere Emotionen, die mit dieser nichts zu tun haben, in einen

Topf werfen. Leider ist das in Psychologie und Hirnforschung bisher die Regel."[11] Trotz dieses ernstzunehmenden Einwands soll referiert werden, wie und an welcher Stelle das Phänomen der Scham in Modellen und Theorien eingeordnet wird. Es stellt sich die Frage, welchen Emotionsklassen Schamreaktionen zugeordnet werden und welche ähnlichen/verwandten Gefühle und Begriffe von der Emotion Scham abzugrenzen sind. Vorher soll auf die Erfassung von Emotionen kritisch eingegangen werden.

2.1.3. Überblick über Messverfahren in der Emotionsforschung

(Vgl. Ulich & Mayring [1992]; Otto, Euler & Mandl [2000])

Häufig wird die Methode der Emotions-Induktion angewendet, bei der die jeweilige Emotion erzeugt werden soll.[12] Der Vorteil besteht darin, dass das Experiment kontrolliert werden kann, Nachteile ergeben sich wegen der ethischen Bedenken bei der Erzeugung „negativer" Emotionen (s. I, 1.1), dem Nichtwissen, ob die spezifische Emotion *tatsächlich* erzeugt wurde, außerdem ist die induzierte Emotion ein „künstlicher" Zustand (im Gegensatz zur Alltagsemotion) (Otto, 2000, in Mandl et al., 2000).

Subjektives Emotionserleben wird oft mit *standardisierten Skalen* wie z. B. dem State-Trait-Angstinventar (STA) von Laux et al (1981) erfasst. Diese Skalen sind nicht für alle Emotionen wie z.B. die stark subjektiven, individuellen Gefühle wie Liebe oder Glück geeignet. Das STA erfasst Glück, Zufriedenheit und Niedergeschlagenheit, die als eigenständig klassifizierte Emotionen gelten und für die Messung von Angstindikatoren eher problematisch sind.

Beliebt sind Eigenschaftswörterlisten (EWL), z.B. die EWL von Janke & Debus (1984). Pbn kreuzen in diesen Inventaren diejenigen Wörter an (trifft zu oder trifft nicht zu), die ihren gegenwärtigen Gefühlszustand beschreiben. Erhoben werden Skalen wie Aktiviertheit, Ärger, Ängstlichkeit, Introvertiertheit u.a.

Fragebogenmethoden (FB) werden für die Emotionsforschung wieder mehr empfohlen (Wallbott & Scherer, 1989). Zwar kann es zu systematischen Fehlerquellen

---

[11] S. auch 2.1.3 Messansätze in der Emotionsforschung – und die Kritik

[12] Verfahren sind u.a. das Zeigen von Filmen, das Vorspielen von Musik, Injektionen, Elektroschocks, Suggestionen.

kommen (soziale Erwünschtheit, Haloeffekte[13]), FB haben aber den Vorteil, dass sie reichhaltiges Material über die subjektive Bedeutung einer Emotion liefern.

Auch durch den Einsatz offener Interviewleitfäden, die Formulierungsvorschläge und Leitfragen enthalten, können akzeptable Ergebnisse erzielt werden. Vorraussetzung ist bei dieser Methode allerdings, dass die Interviewer geschult sind und das vorher elaborierte, inhaltsanalytische Interpretationsregeln festgelegt werden. Interviewleitfäden werden vor allem in wenig erforschten Bereichen eingesetzt.

Auch graphische Methoden werden zur Befindenserfassung angewendet. Zu nennen ist hier das Ankreuzen von „Smilies“: (☺ 😐 ☹) oder das Aufzeichnen von Lebenslinien (Skalierung der letzten Monate oder Jahre mit: ++, +, 0, -, --) (Bourrque & Back, 1985).

Neben dem Rorschachtest (emotionale Reaktionszustände auf Tintenklecksbilder, empfohlen von Kellermann 1989) kommt auch die noch „indirektere“ Methode der Sprachinhaltsanalyse von Koch & Schöfer (1986) zur Anwendung. Berichte der Pbn über „Interessantes“ und „Aufregendes“ in ihrem Leben soll analysiert werden. Nur in seltenen Fällen dürfte Letztgenanntes ein adäquates Vorgehen darstellen, da emotionale Gehalte (in 5-Minuten-Aufzeichnungen) doch eher zufällig exploriert werden können.

Die Erfassung des emotionalen Ausdrucksverhaltens[14] wird ebenfalls als Zugang zur Emotionserfassung eingesetzt (Wallbott & Scherer, 1989), auch wenn Art, Stärke und Zusammenhang umstritten sind. Dabei werden die folgenden vier grundsätzlichen Ebenen erfasst: Mimik (Ricci-Bitti, 1989; Paul Ekman, 1988), Stimme, Gestik und Haltung. Ekman ist es gelungen sechs emotionale objektive Gesichtsausdrücke (Gesichtsmuskelbewegungen) zu definieren (Überraschung, Ärger, Scheu/Ekel, Freude/Glück, Furcht/Angst, Trauer). Wie oben angegeben, ist der Zusammenhang zwischen Gefühlserleben und Gesichtsausdruck noch nicht hinreichend geklärt. So gibt es immer wieder erhebliche Differenzen in der Übereinstimmung verschiedener Beurteiler bei der Zuschreibung von Emotionen zu bestimmter Mimik (Ekman, 1988). Spekulativ und noch problematischer sind Methoden, die an der Stimmfärbung einsetzten, sie liefern keine zuverlässigen Einschätzungen zur Erfassung von emotionalen Zuständen (Wallbott & Scherer, 1989).

---

[13] Vgl. Bortz, 1984.
[14] Vgl. zum Überblick über das emotionale Ausdruckverhalten Kirchhoff (1965).

Auch für die Erfassung physiologischer Emotionsindikatoren gilt, dass die Relationen zum Gefühlsleben weitgehend ungeklärt sind. Die gemessenen Zusammenhänge vieler Studien sind viel zu gering, um klare Aussagen machen zu können (Schandry in Euler & Mandl 1983, S. 106). Andererseits sind viele Veränderungen im Vegetativen (Autonomen) Nervensystem bei vielen emotionalen Regungen deutlich beobachtbar (s. 2.1.2). In neuerer Zeit werden Versuche unternommen, spezifische Emotionen in bestimmten Hirnstrukturen (im Limbischen System) zu lokalisieren (Larbig,1982; Plutchik & Kellermann, 1989; Buck, 1984). Solche Versuche bleiben jedoch spekulativ (vgl. auch Ledoux, 1998). Es wurde andererseits aber immer wieder die Rolle des Zentralen Nervensystems (ZNS) herausgestellt, dass tieferliegende Hirnprozesse kontrolliert, integriert und somit auf die emotionalen Prozesse Einfluss nimmt. Die physiologischen Untersuchungen setzen auf verschiedenen Ebenen an: Bei der Methode der *Läsionsstudien* werden Emotionen von Organismen mit zerstörten Hirnstrukturen untersucht, um Aussagen über deren Funktion abzuleiten. Die komplexen Beziehungen der kortikalen Mechanismen erschweren jedoch die Interpretationen. Oft mussten Funktionslokalisationen wieder zurückgenommen werden (Larbig 1982). Ähnlich ist es bei der Methode der *elektrischen Stimulierung* bestimmter Hirnstrukturen (Wut bei Katzen durch Elektrodenstimulation des Thalamus, Glück durch Elektroden-Reizung des „pleasure centers" bei Rindern, vgl. Izard, 1981/1994). Die Untersuchung *psychophysiologischer Indikatoren*, dazu gehören der Hautwiderstand, die Herzrate, die Pupillenweite, die Atemfrequenz usw. (vgl. Fahrenberg 1983, 1992), spielen vorwiegend bei der Erforschung des vegetativen Nervensystems im emotionalen Prozess eine Rolle. Vor allem in der Stressforschung werden diese Methoden eingesetzt. In der Emotionsforschung ist dieser methodische Ansatz nur für eingeschränkte Fragestellungen anwendbar (vgl. auch Velden, 1994).

2.2. Scham innerhalb verschiedener Emotionstheorien

2.2.1. Scham und Clusterverfahren

Shaver, Wu & Schwarz (1992) ließen 245 italienische und chinesische Emotionswörter nach dem Kriterium Ähnlichkeit selektieren. Ergebnis: Innerhalb beider Sprachen fanden sich die Cluster *Ärger*, *Angst*, *Freude*, *Trauer*. Die Cluster *Liebe*, *Mitleid* und *Überraschung* ergaben sich im Italienischen, *Scham* und *Traurige Liebe* in der chinesischen Sprache.

In einer anderen mehrstufigen Clusteranalyse ließ Izard (1977) eine Reihe von Emotionswörtern auflisten. Die Untersucher sollten nach der Sichtung des ersten Begriffs entscheiden, ob das nächste Wort in dieselbe Klasse wie der erste Begriff eingeordnet werden kann. *Scham* und *Schüchternheit* bildeten eine Kategorie, *Schuld* fand sich in einer anderen Kategorie wieder. In einer neueren Arbeit von Izard und Tyson (1986) waren *Scham* und *Schüchternheit* wieder getrennt, *Verlegenheit* und *Scham* bildeten eine gemeinsame Klasse.

Nicht in allen Clusterverfahren wird *Scham* als eigenständige Kategorie aufgestellt. Das liegt vor allem daran, ob bei diesem Verfahren die Zahl der Cluster vorher oder im Nachhinein festgelegt wird. Die Anzahl der Cluster bildet einen Kompromiss zwischen zu vielen und zu wenigen Kategorien. Scham als selbstständiger Cluster findet sich in den Studien von Izard (1977), Schmidt-Azert & Ströhm (1983), Storm & Storm (1987), jedoch nicht bei Shaver, Schwarz, Kirson & O'Cornor (1987).

Mees (1985) ordnete Emotionswörter nach ihren Bedeutungsinhalten und fand die Klassen *Beziehungsqualifizierende Begriffe* und *emotionsbeschreibende Empathiewörter.* Die dritte Gruppe der zielbeschreibenden Emotionsbegriffe teilte er auf in *Moralische Emotionen* (Scham u.a.), *Attributionsemotionen* (z.B. Stolz), *Bewertungsemotionen* (z.B. Zufriedenheit) und *Erwartungsemotionen* (z.B. Hoffnung).

2.2.2. Scham – primäre versus sekundäre Emotion

Johnson-Laird (1988) zählt nur die Gefühle Ärger, Ekel, Furcht, Glück und Trauer zu den Primäremotionen (Synonym: Basisemotionen). Die Vielfalt der Emotionen entstehe allein durch die Vermischung dieser primären Gefühle mit Kognitionen. Er betont aufs neue die lange schon missverstandene Dichotomie der Einteilung von Emotion und Kognition, bezogen auf den emotionalen Prozess. Wird der subjektive Gefühlszustand in einer Situation bewusst wahrgenommen, so basiert dieser Prozess auf Wissen und Erkenntnis und ist seinem Wesen nach kognitiv (M. Lewis, 1995). Interessant dürfte daher eher der Gegensatz zwischen Objektivität/Realität und Subjektivität der Evaluation des Gefühlszustands sein (s. a. 2.1). Es ist auch möglich, dass Gefühlszustände nicht erkannt werden, obwohl sie existieren. Das kann bedeuten, dass sich eine Person physiologisch in einem Gefühlszustand wie beispielsweise Glück befindet, diesen jedoch nicht erkennt (vgl. Zajonc 1980; M. Lewis, 1995).

Robert Plutchik (1962/1980) benennt acht primäre oder grundlegende Emotionen und stellt die These auf, dass sich alle anderen komplexen und verschiedenen Emotionen von diesen acht Grundemotionen ableiten.[15] *Schuld*, so der Autor, errechnet sich aus der „Addition“ von Freude und Furcht. Oder *Verlegenheit* entspräche der Zusammensetzung aus Traurigkeit und Überraschung. Die Problematik ist nun die, dass verschiedene Forscher unterschiedliche Anzahlen und Gefühle zu den Grundemotionen zählen. So deklariert Izard (1981/1994) sechs primäre Emotionen, Silvan Tomkins (1963) benennt acht Grundemotionen, die wiederum nicht den Primäremotionen von Plutschik entsprechen. Findet sich Scham bei Plutschik (1962/1980) nicht in der Reihe der primären Emotionen, so zählen Darwin (1970) und Tomkin (1963) das Schamgefühl wiederum hinzu.

Aufgrund von Beobachtungsanalysen bei wettkämpfenden Kleinkindern sehen Geppert & Heckhausen (1988) die Scham als einen Ausdruck von Submission (Unterlegenheit) und Trauer (Ziel verfehlt) an. Zu ähnlichen Ergebnissen gelangen Rosenblum & Kramer (1970). Sie konstatierten, dass Trauer und Ärger Scham erzeugen.

Kargan (1987) wie auch Tomkins (1963) sehen in der Emotion Angst den Vorläufer der Scham. Schamangst bedeutet demnach, eine Hemmung von Interesse an einem sozialen „Objekt“ aufgrund erlernter Verhaltensregeln und Normen.

Obwohl die praktische Nutzung der Aufteilung in primäre und sekundäre Emotionen insgesamt eher zweifelhaft bleibt[16], greift M. Lewis (1995) eines der bedeutenden Unterscheidungskriterien Plutchiks auf, das besagt, dass sekundäre Emotionen eine Introspektion erfordern bzw. eine Bezugnahme auf das Selbst implizieren. Lewis (ebd.) nennt diese sekundären Emotionen zu denen neben Scham auch Eifersucht, Neid, Mitgefühl, Verlegenheit und Schuld zählen „Ich-bewusste Emotionen“.

---

[15] In Analogie zum Farbkreis: Alle unterschiedlichen Farben können durch die Vermischung der drei Grundfarben erzeugt werden.

[16] Der Gedanke an primäre bzw. Grundemotionen ist schon bei Descartes (sechs Hauptleidenschaften) und Spinoza (drei Hauptaffekte) zu finden (M. Lewis, 1995).

In seinem 1993 verfassten Katalog der Basisemotionen (Primäremotionen) zählt Ekman neben Scham die Gefühle Ärger, Ekel, Freude, Furcht, Interesse, Schuld, Traurigkeit und Überraschung.

2.2.3. Scham – Kognitive Bewertung und Bedeutungsanalyse

Welche spezifische Emotion eine Person erlebt, hängt nach Lazarus entscheidend davon ab, wie ein Ereignis bewertet wird und welche Bedeutung die Person dem Ereignis zuschreibt. Kognitive Prozesse (Perzeption, Denken, Speichern und Erinnern u.a.) werden in zeitlicher Abfolge somit vor die Gefühlsreaktion gestellt und sind ein Resultat der Einschätzung von akuten Situationsparametern sowie (allerdings nicht notwendigen) physiologischen und motorischen Reaktionen. Die typischen Einschätzungen sind größtenteils erlernt und stellen somit überdauernde charakterliche Dispositionen dar (vgl. Lazarus & Folkman 1987; Smith und Ellsworth 1985; Lazarus 1991). Für das Schamgefühl würde dies bedeuten, dass es sich primär um eine von situativen Variablen/Determinanten abhängige Emotion handelt.

2.2.4. Scham als Mitglied verschiedener Emotionsfamilien

Innerhalb der Emotionssysteme wird das Schamgefühl häufig zu unterschiedlichen Emotionsgruppierungen gezählt. Tabelle 1 zeigt eine Auflistung dieser unterschiedlichen Emotionsklassen und die jeweiligen Autoren.

2.2.5. Scham – ähnliche/verwandte Begriffe und Abgrenzung

Der Übergang zwischen Verlegenheit, Peinlichkeit, Scham, Schuld und sozialer Angst ist fließend. Eine genaue Abgrenzung findet zumindest im Alltag begrifflich kaum statt (s.1.3.: Synonyme in der Alltagssprache). Deshalb erscheint es sinnvoll, sich diesen eng verwandten Begriffen zuzuwenden.

Darwin (1871/1970) benutzte Scham und Schüchternheit als Synonyme. Er meinte, dass Scham und Schüchternheit zu einer großen Gruppe verwandter Gefühle wie auch Schuld, Eifersucht, Neid, Geiz, Rache, Misstrauen, Falschheit, Eitelkeit, Ehrgeiz, Stolz und Demut gehöre. Sicherlich gibt es aus heutiger Sicht einige Korrelate der Begrifflichkeiten in Darwins „Schamgruppe". Das jedoch all diese Begriffe die Voraussetzung einer Emotion mit unterschiedlicher neurochemischer Grundlage erfüllen, wird heute kaum mehr angenommen. Viele dieser Ausdrücke benutzte Darwin selber als Repräsentationen sogenannter „geistige Zustände", womit eine „affektiv-kognitive" Struktur gemeint ist. (Izard, 1994).

Tabelle 1: Scham innerhalb verschiedener Emotionsgruppierungen

Emotionsfamilie	**Autor**
Negative Emotionen	Tomkins (1963)
Self-related-affects	Harter (1985)
Aversive Zustände	Aronfeed (1968)
Soziale Ängste	Buss (1980), Schwarzer (1981), Lowenfeld 1977)
Selbstevaluative Emotionen	Geppert & Heckhausen (1988)
Nicht-können /Nicht-gelten/ Emotionen	Remplein (1958)
Me-emotion	Rivera (1977)
Ichbewusste Emotionen	M. Lewis (1995)
Self-conscius-emotions	M. Lewis, Wolan-Sullivan & Wolpe (1989)

2.2.5.1. Scham und Schuld

Im Erröten sieht Darwin (1871/1970) eine spezifisch menschliche Ausdrucksform der Scham. Diese wird hervorgerufen durch die „geistige Aufmerksamkeit auf sich selbst". Darwin unterscheidet zwischen dem Erleben von Scham und Schuld besonders dann, wenn Scham durch Schuld *hervorgerufen* wird. Erst der Gedanke daran, dass andere von einem Fehler, d.h. von einer Schuld wissen könnten, lässt Scham entstehen (Neckel, 1991). Die Zuschreibung Schuld erfolgt, im Gegensatz zur Scham, auch bei Abwesenheit von Beobachtern. Sie ist unabhängig von der Anwesenheit anderer Personen. Negative Folgen für andere sind bei der „Übertretungsemotion" Schuld, im Gegensatz zur Scham, unabdingbar (Ross, 1988 /1991). Ebenso wie Darwin definieren Mead und Benedict Schuld eher als einen mentalen Zustand, der hauptsächlich aus moralischen Übertretungen resultiert (Neckel, 1991). Scham „wacht" über die Grenze der „Privatheit und Intimität", „Schuld beschränkt die Ausdehnung der Macht" (Wurmser, 1993). Für Sigmund Freud

(1905/1991) sind die Ursachen von Schuld in sozialer Angst und der Gewissensangst begründet. Scham hat für Freud einen anderen Status als Schuld. Sie hat den Charakter eines Affekts, der im Falle besonderer Bewusstseinshaltungen Schuld mobilisieren kann (ebd.). Ebenso wie Darwin (1871/1970) und Neckel (1991) weist Wolfgang Berner (1998) dagegen darauf hin, dass Schuld eher die Ursache von Schamgefühlen sein kann.

Ruth Benedict (1946), die ihre anthropologische Forschung auf Darwin und Freud aufbaut, unterscheidet ebenso wie Magret Mead zwischen gegensätzlichen Scham- und Schuldkulturen (s.u. 3.0), die sich einerseits im individuellen Verhalten (Konflikt zwischen Ich und Ich-Ideal) und andererseits im sozialgemeinschaftlichen Urteil über das individuelle Verhalten (Konflikt zwischen Ich und Über-Ich) des Einzelnen ausdrücken (vgl. Neckel, 1991). Die „irrationale" Bedrohung bei der Scham ist das „Verlassenwerden" und nicht die (körperliche) Bestrafung wie bei der Schuld (vgl. Piers u. Singer 1971, in Wurmser 1993, S. 133). Agnes Heller konstatiert, dass Scham und Schuld sich auch zu „shame guild" verbinden könne (vgl. Neckel, 1991). Scham und Schuldgefühl sind im Bewusstsein nicht das Gleiche. Faktorenanalytische Untersuchungen haben zwei unabhängige Faktoren ergeben, von denen der eine Scham und Schüchternheit und der andere dem Schuldgefühl entspricht (s. 2.2). Scham scheint emotionaler, instinktiver und einfacher strukturiert und lässt sich leichter auslösen als die eher an Normen, Regeln, Sitten und Gebräuchen orientierte Schuld (Izard, 1981/1994). "Generell verletzt das Verhalten, das Schamgefühle hervorruft, einen moralischen, ethischen oder religiösen Kontext, Gebote und Verbote." (Rost, 1990, S. 337)

2.2.5.2. Scham, Verlegenheit, soziale Angst und Peinlichkeit

M. Lewis (1995) differenziert zwischen den Begriffen Scham, Schüchternheit und Verlegenheit: Schüchternheit oder auch Verlegenheit ist weniger intensiv und führt nicht zu Sprach- und Denkblockaden. Das körperliche Ausdrucksverhalten verlegener Menschen zeigt sich ambivalent, indem die Person eine Vermeidungs-Annäherungshaltung einnimmt, die sich in verlegenem Lächeln und wiederholtem Hin- und Wegsehen ausdrückt (ebd.).

Auch Peinlichkeit lässt sich von Scham abgrenzen. Peinlichkeit ist meist eine Reaktion auf ein überraschendes Ereignis, z.B. ein unerwartetes Kompliment, oder eine Ungeschicklichkeit beim Essen usw.. Im Erleben scheint Scham durch größere Intensität gekennzeichnet zu sein. Häufig ist sie mit andauernder Kränkung wie Ärger verbunden, wohingegen Peinlichkeit generell als harmlos, mild eingestuft und auch mit Humor und Spaß assoziiert wird, was sich oft in typischen Peinlichkeitsreaktionen wie z.B. Scherzen, Ablenkung, Rechtfertigungen usw. ausdrückt (vgl. Amering & Gringl, 1998; J. Roos, 1988). Janet Ross (1991, in Mandler et al., 2000) konstatiert, dass bei der „Übertretungsemotion" Peinlichkeit die Anwesenheit von Beobachtern notwendig ist, die Verantwortlichkeit des Akteurs aber im Gegensatz zur Scham kein notwendiges Merkmal bei Peinlichkeitsgefühlen darstellt.

Schüchternheit wird häufig nicht als Emotion angesehen, sondern als ein Syndrom aus sozialer Ängstlichkeit, dem Mangel an sozialen Fähigkeiten und vermindertem Selbstvertrauen. Wenn Schüchternheit zur Krankheit wird, kann sie sich zur sozialen Phobie auswachsen (Katsching, Demal & Windhaber 1998). Sie wiederum zeichnet sich aus in der Furcht vor sozialen Situationen bzw. der Furcht davor, die eigene körperliche/physiologische Kontrolle zu verlieren (ebd.). Peinlichkeit dagegen hat weniger mit sozialen Defiziten und auch weniger mit selbstabwertenden Gedanken zu tun, sondern korreliert wie auch Scham mit der Fremdbeurteilung der eigenen Person durch andere. Für Scham wird eingeräumt, dass es sich um ein einsames, ganz persönliches Gefühl handelt, dass durch Inkongruenz zwischen Selbstbild und internalisierten Standards zustande kommen kann, die wiederum zur Selbstabwertung führt bzw. führen kann. (vgl. Amering & Gringl, 1998). Das Ausdrucksgeschehen, das sich bei Schamreaktionen physiologisch vor allem im Erröten und Schwitzen zeigt, unterscheidet sich von Furcht und Angst, da letztgenannte Emotionen sich physiologisch eher im Erbleichen ausdrücken (Mariauzouls, 1996; Shaern, Bergmann, Hill, Abel & Hinds, 1990).

3. Scham und Kultur

Die soziale Umwelt und die Kultur in denen der Mensch lebt, stellen wichtige Determinanten für die Schamschwelle dar (s. auch 7.5). Zwei kulturelle Formen werden häufig unterschieden: die Scham- und die Schuldkultur. Diese Unterteilung basiert weitgehendst auf den Studien von Ruth Bendict (1946), die Vergleiche zwischen der japanischen und der westlichen Kultur zog (s.o. 2.2.5.1.). Je nach Entwicklung einer Gesellschaftskultur wird von verinnerlichter (Scham) oder von äußerlicher Kontrolle durch die Gesellschaft (Schuld) gesprochen.

In Schuldkulturen entwickelt das Individuum eine Gewissensinstanz mit den Sichtweisen „falsch" und „richtig" (Hultberg, 1987). Aus diesen Bewertungen resultieren nun ethische und moralische Maßstäbe, unter die sich das Individuum unterordnet. Die Autorität in der Schuldkultur basiert auf Begriffen wie Vergehen, Strafe und Sühne, Heil oder Verdammnis bzw. auf Gott, der strafend oder vergebend/gnädig ist (ebd.).

Die Autorität in der Schamkultur stützt sich dagegen nicht auf ein „reines" Gewissen, sondern auf das Ansehen und den „guten" Ruf des Individuums in der Gemeinschaft. Die Identifikation in der Familie und Kleingruppe ist der wichtigste Faktor im Sozialisationsprozess. Ehre, Ansehen, Stolz vs. Verachtung, Würdelosigkeit, Wertlosigkeit und Lächerlichkeit sind die relevanten Begriffe in der Schamkultur (ebd.). Izard (1981/1994) verweist auf eine interkulturelle Studie von Studenten englischer, deutscher, japanischer, amerikanischer, französischer, schwedischer, schweizerischer und griechischer Collegestudenten. Die Frage: „Welche Emotion verstehen Sie am besten?" wurde am seltensten mit Scham[17] und am häufigsten mit Freude beantwortet (von allen Kulturgruppen). Für die japanischen Studenten ist die „Geringschätzung" die am meisten gefürchtete Emotion. Von praktisch „allen Japanern" wird der „geringschätzige Blick" als ausreichende Ursache von Scham angesehen (ebd.).

Die vereinfachende Klassifizierung in Scham- und Schuldkulturen wird aber auch kritisiert, vor allem deshalb, weil nicht ausschließlich von Internalität (bei Scham) bzw. Externalität (bei Schuld) gesprochen werden kann, da Bewertungsmaßstäbe durch Öffentlichkeit mehr oder weniger verstärkt werden und Scham auch ohne Öffentlichkeit auftreten kann (Ausubel, 1958; Graham, 1972). Eine neuere, interkulturelle Untersuchung, durchgeführt von Jonson et. al. (1987), konnte die Ergebnisse von Benedict (s.o.), wonach asiatische Gesellschaften eher zur Scham neigen, nicht (mehr?) bestätigen.[18]

Die Zuordnung von Scham zur Kleingruppe und Schuld zur Großstadt (Kagan, 1967) findet Zustimmung bei den Ethnologen Duerr (1988, 1990) und Elias (1972). Die beiden Wissenschaftler vertreten jedoch unterschiedliche Thesen be-

---

[17] Die Person, die ein „schamvolles" Gesicht zeigt, neigt dazu, dieses zu verstecken. Außerdem erlebt die Person bei Schamgefühlen eine Tendenz zum Rückzug und zur Isolation. Ungeklärt bleibt, warum Griechen Scham besser als alle anderen kulturellen Gruppen verstehen (zwei Standardabweichungen höher als die Mittelwerte der anderen Kulturen).

[18] Die Studie wurde in Hawaii, Südkorea und Taiwan durchgeführt. Möglicherweise liegt dies am kulturellem Wandel in Asien (Anpassung an die westliche Kultur).

züglich der historischen und gesellschaftlichen Entwicklung von Schamformen bzw. deren Inhalten. So sieht Elias (1981, 1982) seit dem Mittelalter ein Vorrücken der Schamschwellen in der europäischen Kultur[19], Duerr (1988) dagegen glaubt weder an „Scham- und Zügellosigkeit“ in früherer Zeit noch an eine Evolution von Scham. Er vertritt vielmehr die These, dass in traditionellen „face-to-face“-Gesellschaften die verwandtschaftliche Integrität auch durch die direkte, soziale, lückenlose Kontrolle intensiver ist. Das wiederum bedeutet, dass Normen stärker verinnerlicht werden als bei Personen in modernen, urbanen Gesellschaften, in denen die soziale Kontrolle synthetischer ist und die familiär-soziale Kontrolle ersetzt hat (Duerr 1990).[20]

4. Phylogenese der Scham und spezieller Schamformen

Darwin (1872, 1970) betrachtete das Phänomen des Errötens als die „eigentümlichste und menschlichste“ emotionale Äußerung und behauptete, dass Tiere nicht erröten.[21] Da es auch Menschen gibt, die angeben, dass sie Scham erleben, ohne rot zu werden, ist nicht sichergestellt, dass Erröten zwangsläufig eine physiologische Begleiterscheinung der Scham ist. Ob Scham eine rein menschliche Emotionsreaktion darstellt, darüber gibt es verschiedene Meinungen. Eine Gruppe vertritt die These, dass nur der Mensch zur Scham fähig sei (Buss, 1980; Scheler, 1957; mit Einschränkung auch Darwin, 1970), weil Schamgefühle vor allem auf spezifische Sozialisationsbedingungen und komplexe kognitive Entwicklungen zurückzuführen sind (s.u. 5.2). Eine konträre Auffassung vertreten Ellis (1920) und Tomkins (1963). Sie verweisen auf die beobachtbaren, schamanalogen Verhaltensweisen, die bei Primaten und Caniden, die in sozialen Gemeinschaften leben, gemacht werden. Die schamähnlichen Verhaltensweisen, die bei Hunden auffallen, interpretiert Buss (1980) als „Angst vor Bestrafung“. Die Beantwortung der Frage, ob es sich bei Menschenaffen um Scham oder eher um Beschwichtigungsrituale (Demutsgesten) handelt, bleibt spekulativ (Knapp, 1967; Bolwig, 1978). Dass Menschenaffen nicht erröten, steht heute fest, da per Definition das

---

[19] Erst hohe Kulturstufen sind zur Scham befähigt, konstatiert Elias.

[20] Beispiele für die soziale Kontrolle durch Medien: 1993 titelt der Spiegel: „Ein Volk im Schweinestall“ ...“Kulturkritiker rufen den ‚moralischen Notstand' aus“ (Der Spiegel Nr. 2, 11. 1. 1993). Die Zeit referiert im Februar 2001 unter dem Titel: „Null Schamgefühl“, dass sich täglich mehr als 10000 Leser auf die Internet-Klatschseite „Thema1“ einklicken, die die meisten „Erfolgstreffer unter der Gürtellinie landen“ (DIE ZEIT Nr. 9, 22. 2. 2001, S. 35).

[21] Darwin ging jedoch davon aus, dass z.B. Hunde Scham und Schüchternheit erleben könnten.

Erröten nicht die kutanen, vaskulären Prozesse der Wangenpartien meint, sondern ein optisches Phänomen darstellt[22] (Mariauzouls, 1996).

Ob Scham den Menschen angeboren ist oder ob es sich um ein erlerntes Emotionsreagieren handelt, kann derzeit nicht hinreichend geklärt werden.[23] Die typischen Verhaltensweisen bei der Körperscham, die laut Duerr (1990) weitgehendst universell auftreten sowie die interkulturell auch in entferntesten Regionen beobachtbare Scham sprechen dafür, dass Verlegenheits-, Überschreitungs-, Misserfolgs- und Körperscham Reifungsprozessen unterliegen und aus diesem Grunde genetische Faktoren nicht auszuschließen sind.

5. Ontogenese der Scham

5.1. Die Vorläufer des Schamgefühls

Welche Gefühlsreaktionen einjährige Kinder zeigen, bei denen allgemein angenommen wird, dass sie noch nicht die Fähigkeit zur Schamreaktion besitzen[24], untersuchten Kramer & Rosenblum (1970). Die „beschämten“[25] Kinder reagierten mit Ärger und Niedergeschlagenheit und bei Unfähigkeit Ziele zu erreichen, bei Grenzverletzungen oder Drangsalierungen mit körperlichem Einsatz, Trauer und/oder Weinen (Smetana, 1989).

5.2. Die Entwicklung verschiedener Schamreaktionen

Theorien zur Entwicklung verschiedener Schamreaktionen können folgendermaßen gruppiert werden:

---

[22] Durch die Lederhaut der Menschenaffen lässt sich keine Errötung erkennen.

[23] Auch Untersuchungen des Schamempfinden bei „Taub- und Blindgeborenen“, von sogenannten „Wolfskindern“ oder von Zwillingen liefern keine ausreichenden Aussagen (Eibl-Eibesfeld, 1973; Lane, 1985).

[24] Abgesehen von der Entstehung der „Fremdenangst“ (s. Tabelle 2)

[25] Gemeint ist, dass versucht wurde, die Kinder in Situationen zu bringen, in denen sie sich, wenn sie älter sind, schämen würden: z. B. durch „Versagen“ oder „Misserfolg“.

Tabelle 2: Ontogenese der Scham und der Schamformen

Alter des Kindes und erste Schamgefühle	**Autoren**	**Hypothesen/Kausalitäten/ Korrelationen, Schamform**
4. – 8. Lebensmonat	Broucek (1982), Izard (1981/94), Knapp (1967), Tomkins (1963)	Fremdenangst (Fremdeln) als eine spezielle Form der Scham[26]
Um 18 Monate	a) Amsterdam & Lewitt, (1976), Lichtenberg (1983), Scherer (1979), Sroufe (1979), Wurmser (1995)	a) Entstehung des Selbstkonzepts
	b) Stipek (1983)	b) Kontingenzverständnis von Handlung und Ich
Um 36 Monate	a) Dougall (1920), Holodinski (1992), Miller (1986), Nathanson (1987), Singer & Singer (1969), Roos (1988)	a) Kognitive Reifung (Sprache, soziales Erfassen von Situationen)
	b) Geppert & Gartmann (1983), Halisch & Halisch (1980), Heckhausen & Roelofsen (1962), Lewis, Wolan-Sullivan, Stanger & Weiss (1989)	b) Motivationsentwicklung (bei Misserfolgsscham und Überschreitungsscham)
Um 48 Monate	Buss (1980)[27]	Ausbildung des sozialen und kognitiven Selbst
Um 9 Jahre	Dürr (1990)	Vorpubertät, Anlässe sexuellen Schamempfindens

Tomkins (1963) definiert die Aktualgenese der Scham auf zwei Arten: Zum einen sieht er die prototypische Scham, die automatisch erzeugt wird, zum anderen, die durch spezifische Situationen und Ereignisse ausgelöste Schamreaktion. Eine automatische Auslösung setzt laut Tomkins kein Denken voraus. Daher fällt ihm die Annahme, dass Kleinkinder im Alter zwischen 4 und 8 Monaten Scham empfinden können, nicht schwer (s. Tab. 2): „Scham ist ein angeborener Hilfsaffekt und hemmt speziell weitergehendes Interesse und Vergnügen. Die Scham wird durch

[26] Tomkins (1963) verweist auf den Zeitpunkt, in dem ein Kind das Gesicht der Mutter von dem Gesichtsausdruck eines Fremden zu unterscheiden beginnt. Scham resultiert demnach aus dem erkannten Irrtum des Kindes, das die Mutter mit einer fremden Person verwechselt hat. Ob es sich tatsächlich um Schamgefühle handelt, ist nicht belegbar.

[27] Das von Buss benutzte Wort *shame* beschreibt eher die Merkmale des deutschen Wortes Schuld.

die unvollständige Reduzierung von Interesse und Freude aktiviert“ (M. Lewis, 1993). Das Prototypische bezieht sich nach Tomkins Erläuterungen vorrangig auf Funktionen der Scham und weniger auf Geschehnisse, die Schamgefühle zur Reaktion haben könnten.

Die meisten der Autoren, die anführen, dass Schamgefühle erstmals um den 18. Lebensmonat beobachtbar sind, verweisen auf die Etablierung des Selbstkonzepts[28], ohne das Schamgefühle nicht erfahrbar sind.

Um mit Misserfolgs- bzw. Überschreitungsscham zu reagieren, bedarf es kognitiver und motivationaler Voraussetzungen (s. Tab. 2, die Gruppe, die den Erstzeitpunkt für Scham etwa um den 36. Lebensmonat deklarieren). Damit ist die Fähigkeit zur „naiven“ Ursachenerklärung gemeint (Heider, 1958) – Fachausdruck: Kausalattribution (Kelley, 1967; Heckhausen, 1981, s. auch 6.4.1.), die Fähigkeit zu physikalischen Urteilen bezogen auf Zeit und Raum (Geppert & Heckhausen, 1988) und das Wissen um Normen und deren Internalisation[29] (Heckhausen, 1981). Außerdem ist die Fähigkeit, ein Ziel zu erkennen, zu verfolgen und zu erreichen bzw. nicht zu erreichen, von relevanter Bedeutung, um Misserfolgs- bzw. Überschreitungsscham zu empfinden (Heckhausen, 1981). Tharane (1979) weist daraufhin, dass beim Kind auch die Voraussetzung zur Identifikation mit einem „Vorbild“ (geehrte Person) gegeben sein muss. Handelt diese geliebte/geachtete Person erfolglos, so kann dies beim Kind Scham erzeugen (gemäß den Standards des Vorbildes).

Die Anfänge und Entwicklung der Leistungsmotivation beginnt beim Kind ab einem Alter von etwa drei Jahren. Die Untersuchungen von Heckhausen et al. (1962/65) zeigten, dass die Kinder mit zunehmendem Alter (36–54 Monate) die Wettkampfsituationen immer deutlicher erfassten. Sie zeigten heftigen mimischen Gesichtsausdruck auf Erfolge oder Misserfolge (s. auch Zunich, 1964).

Mit dem Beginn der Pubertät erleben Kinder und Jugendliche erste Scham, die sich auf sexuelle Anlässe zurückführen lassen (Dürr, 1990). Während der Pubertät

---

[28] *Selbst*: von W. James (1890) und G. H. Mead (1968) in die Sozialpsychologie eingeführter Begriff, der das seiner Selbst bewusstwerdende und gleichzeitig sich selbst zum Objekt werdende Subjekt bezeichnet. Als *Selbstkonzept* wird u.a. die analytische Einheit im Rahmen individuellen Verhaltens (Snygg & Combs, 1949) oder auch das „System persönlicher Konstrukte“ (Kelly, 1955) bezeichnet. Weitere Literaturhinweise zum Selbst/Selbstkonzept: Erikson, 1973; Kagan, 1987; Miller, 1986; Scheler, 1957; Stipek, 1983; Amelang & Bartussek, 1990).

[29] Diese Normeninternalisation entsteht durch Modellernen, Strafe bzw. Belohnung (negative bzw. positive Verstärker) (Oerter, 1980).

nehmen auch die bewussten Zustände des Errötens zu und erreichen im Alter von 15 Jahren ihren quantitativen Höhepunkt (Abe & Suzuki, 1986, in Mariauzouls, 1996).

6. Konzept der Scham

Da die Strukturen der emotionalen Prozesse von Peinlichkeit und Scham ähnlich sind (zur Unterscheidung s. 2.2.5.2), wird in der Literatur häufig nicht zwischen den beiden Begriffen unterschieden (Taylor, 1985, in Roos, 1988). Bei der folgenden Betrachtung zur Konzeption der Scham werden daher auch Studien und Beschreibungen berücksichtigt, die sich mit Peinlichkeit befassen.

6.1. Phänomenologie

Scham gehört zu den unlustbetonten Emotionen (s. 2.1). Das Selbst wird als Gegenstand von Geringschätzung und Verachtung erlebt. Izard (1981/94): "Bei Scham ist unser gesamtes Bewusstsein plötzlich und für einen Augenblick von unserem Selbst erfüllt." Das sich schämende Individuum sieht sich lächerlich gemacht, bloßgestellt, herabgesetzt und klein. Es gehen schädliche Körperreize vom Erröten aus oder Tränen und Wut, wenn Scham Kummer und Zorn hervorrufen (Izard, 1981/94). Wie Scham zu Zorn werden kann, beschreibt Binswangen (1957) im folgenden: „Nur bei einem Angriff ohne Liebe, wodurch ein liebendes Gemüt beleidigt wird, kommt es zur Verteidigung des Eigentums und des Rechts."

Die schamerlebende Person sieht, wie all ihre Schwächen offen liegen und voll dem Blick der anderen ausgesetzt sind. Das Selbst empfindet sich kaum oder nicht mehr als kognitiv funktionierend. Die Bedeutung des Blicks beim Auftreten von Scham ist von wesentlicher Bedeutung. Duerr (1988) weist daraufhin, dass es bei Kulturvölkern, die sich zu bestimmten Anlässen nackt zeigen (z.B. Nacktbaden beider Geschlechter, gemischt, bei Japanern) strenge Blickregeln gibt, um Grenzverletzungen zu vermeiden. Goffman (1957) nannte dieses Phänomen *civil inattention* (vorbei- oder hindurchschauen durch die andere Person). In seinem Werk „Das Sein und das Nichts" stellt J., P. Sartre (1962, in Neckel, 1991) die These auf, dass die Person im Blick des anderen zum Objekt wird. Intersubjektivität ist Sartre zufolge nicht möglich. Das Subjekt übt Macht über das Objekt aus, das mit

Scham reagiert. Werden Blickregeln verletzt, kann dies bei einigen Menschen zu einer Intensivierung von pathologischen Symptomen führen[30] (Hilgers, 1994; s. auch 6.7.).

Lynd (1958) charakterisiert die Scham als: „... das plötzliche Gefühl des Ausgesetzt-Seins und der Unfähigkeit, mit dem, was geschieht, fertig zu werden ..." Hinzukommen kann der Verlust der Selbstkontrolle (Erikson, 1956).

Aus der Forschung (seit Darwin) lassen sich vier wesentliche Merkmale der Scham zusammenfassend darstellen (Izard, 1994; Lewis, H. B. 1971/1987; Ulrich & Mayring 1992; Roos 1988):

- erhöhte Selbstaufmerksamkeit
- Diskrepanz zwischen realem und idealem Selbst
- Bezug auf soziale Situationen
- ein positiver oder neutraler Befindenszustand wird plötzlich unterbrochen

6.2. Erleben

Scham wird als ein peinliches Gefühl mit einem „Verlust jeglicher Beziehung zum Mitmenschen und zur Welt" erlebt (Kuhn, 1973). Die Person ist sich nur ihrer Selbst bewusst oder irgendeines Aspektes des Selbst, den sie als ungehörig oder unzulänglich betrachtet. Die sich schämende Person sieht sich völlig unfähig, inkompetent und hilflos. Sie weiß nicht, was sie sagen und tun soll. Wie Darwin (1871/1970) es ausdrückte, verliert die Person, die vor Scham errötet, ihre "Geistesgegenwart" und macht oft unkontrollierte, unangebrachte Bemerkungen. Der sich schämende Mensch kann ins Stottern geraten, linkische Bewegungen machen und neigt zu seltsamer Grimassierung (Izard, 1981/1994). Gelähmtheit, Befangenheit, blockiert sein, sich isoliert, abgelehnt, einsam, elend und entmutigt empfinden, sind weitere Schilderungen des Erlebens (Mayring, 1992). Auch Angstgefühle werden beschrieben.

Im weiteren Verlauf des emotionalen Erlebens (oder als Folge bzw. Unterbrechung der Schamreaktion) treten oft Deprimiertheit, Traurigkeit und Schmerz oder sogenannte *Fight*-Gefühle wie Wut, Ärger und Aggression auf mit der Phantasie, die beschämende Person zu bestrafen. Auch Ausdrucksvermeidung oder

---

[30] Hilgers verweist auf die Empfindlichkeit gegenüber Blicken bei Menschen mit Schizophrenie.

Lachen bzw. Humor wird gezeigt, um von der Situation abzulenken. Ebenso sind empathische Empfindungen häufige Reaktionen auf Schamgefühle (Betroffenheit, Schuld gegenüber den Geschädigten, Mitgefühl) (Darwin, 1872/1970; Erikson 1973; Izard, 1981/1994; H.B. Lewis, 1987; M. Lewis, 1995; Lynd, 1958; Miller, 1986; Thane, 1979; Weiner, 1986; Wurmser, 1993).

Angelehnt an sogenannte Kontrolltheorien beschreibt Edelmann (1990) folgendes: Bei der Scham pendelt die Aufmerksamkeit zwischen „Innen- und Außenwelt" hin und her. Erst wird die Situation evaluiert (Außenwelt), dann wechselt die Aufmerksamkeit auf das Selbst (Innenwelt) bzw. Teile des Selbst, von denen angenommen wird, dass sie mit Scham zu tun haben (gemeint sind vor allem physiologische Reaktionen/Zustände wie Erröten, Schwitzen usw. und Verhaltensreaktionen wie z.B. stottern, Blick abwenden usf.). Danach wird die Aufmerksamkeit häufig auf das Publikum zur Evaluation von Fremdreaktionen gerichtet (Außenwelt). Eigen- und Fremdreaktionen sowie der Selbstwert wird nun verglichen bzw. beurteilt. Selbstwertprobleme lösen dann oft Schamreaktionen aus.

6.3. Situationen, Anlässe, Ereignisse und Formen der Scham

6.3.1. Lebensbereiche, in denen Scham auftreten kann

Es fällt schwer, Lebensbereiche zu benennen, in denen Scham *nicht* auftreten kann. M. Lewis (1995) drückt es so aus: Scham ist allgegenwärtig, „Scham ist überall."

Es folgt eine Aufstellung *der* Lebensbereiche bzw. Objekte, die häufig an der Auslösung von Schamreaktionen beteiligt sind (Buss, 1980; Borg, Scherer & Staufenbiel, 1986; Izard, 1981/1994; H. B. Lewis, 1987; M. Lewis, 1995; Lynd, 1958; Tomkins, 1963; Thane, 1979; Wurmser, 1993):

- Das Selbst oder Aspekte des Selbst
- Der Körper, Teile des Körpers oder physiologische Reaktionen/Prozesse
- Beziehungen, die für die Person bedeutsam sind
- Freundschaften
- Liebe, Sexualität
- Arbeit

6.3.2. Quellen der Scham

Scham entsteht in sozialen Situationen, in denen etwas, das verborgen bleiben sollte, plötzlich ans Licht kommt, öffentlich wird. Auch gedanklich vorgestellte Geschehnisse dieser Art, können Scham auslösen. Goffman (1957, 1971), auf dessen Studien viele spätere Untersuchungen zur Scham basieren, konstatiert, dass Schamgefühle bei einer Person auftreten, wenn diese in Selbstwertprobleme verfällt. J. Roos (1988) macht „selbstbilddiskrepante Handlungen" oder „Widerfahrnisse"[31] in einer „Art von Öffentlichkeit"[32] für die Schamreaktion verantwortlich. Oft sind es auch neue, ungeübte oder selten vorkommende Geschehnisse, in denen das Subjekt meint, dass es beurteilt und/oder im Mittelpunkt der Aufmerksamkeit steht (Mayring, 1992). *Eine* mögliche Quelle der Scham kann auf Schamerlebnisse mit Fremden in früher Kindheit zurückgeführt werden. Das irrtümlich entgegengebrachte Vertrauen (Ausdruck, „face-to-face"), das der Säugling einer fremden Person entgegenbringt, löst bei Babys möglicherweise Scham aus (s. 5.2.; Tomkin, 1963; Izard, 1981/1994; Hilgers, 1996). H.B. Lewis (1987) macht das Nicht-Erreichen des Ich-Ideals für das Auftreten der Scham verantwortlich, „... dass das Versagen dabei, nicht seinem Ich-Ideal entsprechend zu leben, für einen Menschen eine durchgängige Quelle von Scham darstellt."

Wie bei anderen Emotionen auch, variieren Situationen in ihrer Wirksamkeit hinsichtlich der Schamreaktion bei verschiedenen Individuen. Was bei der einen Person Scham hervorruft, löst bei der anderen möglicherweise Verzweiflung und bei der nächsten Ärger und Aggression aus. Selbst bei *ein* und derselben Person kann eine spezifische Situation unter bestimmten Bedingungen Scham erzeugen, bei einer anderen Gelegenheit unter anderen Bedingungen ein anderes Gefühl hervorrufen. Diese unterschiedlichen Reaktionsweisen sind auf unterschiedliche Determinanten und Komponenten der Schamreaktionen und Persönlichkeitsmerkmale, auf die im folgenden noch eingegangen wird, zurückzuführen[33] (Izard, 1981/ 1994).

---

[31] Als Widerfahrnis bezeichnet J. Roos typische Scham-Anlässe, die nicht von der sich schämenden Person selbst initiiert wurden.

[32] Auch die Erinnerung oder der Gedanke an ein Schamereignis kann Schamreaktionen auslösen.

[33] S. Determinanten, 7.0.; Kognitionen, 6.5. und Persönlichkeit, psychische Belastungen, 10.0.

6.3.3. Anlässe, Komponenten und Formen

Die Anlassinstanz ist das Individuum selbst oder, mit Einschränkung[34], eine bzw. mehrere fremde Person(en).

Semin und Manstead (1981), die Beispiele speziell für Peinlichkeit untersucht haben, zählen zu den Anlässen, dass Verletzen von sozialen Normen und das Versagen/Misslingen während Verhaltensereignissen, die auf sozial-geregelten Routinen im Alltagsleben begründet sind. Hierzu gehören Geschehnisse wie das Umstoßen von Dosen im Supermarkt, das Herumlaufen mit unordentlicher Kleidung, Stolpern, Tascheninhalt verlieren usw. Peinlichkeits- bzw. Schamgefühle entstehen jedoch nur dann, wenn der Akteur bemerkt, dass Ereignisse öffentlich oder in der Vorstellung, im Blick anderer Menschen stattfinden (ebd.). Zu weiteren situationsbedingten Determinanten siehe 7.

Izard (1981/1994) benennt drei Klassen von Bedingungen, die Scham auslösen können:[35]

a) *Empfindungen:* Kummer, Einsamkeit, abgelehnt sein, andere verletzt haben, dumm sein, enttäuscht sein über sich selbst usw.
b) *Gedanken:* Versagen, Enttäuschung, Schuld, Unmoralisches, Falsches, Dummes, lächerlich sein usw.
c) *Handlungen:* etwas Falsches oder Unmoralisches getan haben, etwas Schädliches getan, andere verletzt, Fehler gemacht haben usw.

Problematisch an dieser Kategorisierung von Komponenten der Scham ist, dass Izard nichts zu den Unterschieden zwischen Denken und Empfinden erläutert. Die Daten fußen auf einer Schülerbefragung in den USA, und die Begriffe bilden eine Rangfolge. Hoch in der Rangfolge stehen bei den Empfindungen: dumm sein und enttäuscht sein über sich selbst, bei den Gedanken: versagt haben, schuldig sein, andere verletzt zu haben, schmutzig sein, unmoralisch sein und bei den Handlungen: rechtlich, unmoralisches, falsches, dummes und schädliches, verletzendes Handeln.

Leon Wurmser (1993) zählt zu den wichtigsten Schamauslösern Schwäche, Defekte und Schmutzigsein. Eine Person empfindet demnach Scham, wenn sie „lie-

---

[34] Es sind die äußeren Instanzen gemeint. Als letzte Instanz, ob eine Person mit Scham reagiert, egal aus welchem Anlass auch immer, kommt ausschließlich das Individuum selbst in Betracht, da es keine „Schamsituation" in dem Sinne gibt, in der (alle) Personen mit Scham reagieren.

[35] Aus einer Studie zu einer Schüler-Befragung in den USA

bensunwert“ ist, d. h. wenn sie denkt, sie sei „schmutzig, schwach und defekt“. Als Beispiele nennt der Autor Versagen im Leistungsbereich, Scham wegen Stottern, körperlicher Entstellung, Hässlichkeit, Zugehörigkeit zu einer Minderheit sowie Scham wegen „Mängel im Charakter“ oder im „Benehmen“ z.B. „Feigheit, Schwächling oder Weichling“ sein, Schüchternheit, Äußerung von Gefühlen (Mimik, weinen, Zärtlichkeit usw.) sowie Kontrollverlust über die eigenen Impulse.

Auf eine Untersuchung von Borg, Scherer und Staufenbiel (1986) soll an dieser Stelle dezidierter eingegangen werden. Die Wissenschaftler führten einen „facettentheoretischen“ Forschungsansatz durch. Sie untersuchten Peinlichkeit und Scham (ohne auf die speziellen Differenzen zwischen den beiden Begriffen einzugehen s. 2.2.5.2). Sie versuchten, die Intensität der Scham bzw. Peinlichkeitsbelastungen abhängig von Situationsstrukturtypen zu erfassen. 72 Situationen mit den folgenden 3 Peinlichkeitsfacetten wurden aufgelistet:

Tabelle 3: Situationsfacetten (Borg, Scherer & Staufenbiel, 1986)

A) Akteur	Pb selbst	1
	Mitglied einer Primärgruppe	2
	Mitglied einer Sekundärgruppe	3
B) Inhalt	Körper, Aussehen	1
	Körperfunktion	2
	Sex	3
	Motorik-Fähigkeit	4
	Intellekt-Fähigkeit	5
	Soziale Fähigkeit	6
	Moral	7
	Kleidung	8
C) Verantwortlichkeit	Nicht verantwortlich	1
	Verantwortlich, nicht intentional	2
	Verantwortlich und intentional	3

Die Elemente („Struktupel“) der drei Facetten wurden kombiniert und kreuzklassifiziert: 3 x 8 x 3 ergeben 72 Situationen (Struktur-Typen). 222 bedeutet dann z.B.: Akteur: ein Familienmitglied, Inhalt: Körperfunktion, Verantwortlichkeit: Pb selbst, ungewollt. Für alle 72 Möglichkeiten wurde nun eine Mustersituation beschrieben. Diese basierte auf einer Sammlung von Studenten-Erlebnissen, die sie im Nachhinein den 72 Situationsstrukturtypen zuordneten. Die Situationen wurden im Anschluss daran von 38 Pbn mit einer 9-stufigen Ratingskala je nach Intensität der Scham/Peinlichkeit bewertet.

Ergebnis: Lediglich in der A-Facette ließ sich ein vermuteter systematischer Effekt nachweisen: Situationen, in denen der Befragte selbst als Akteur auftritt, sind immer beschämender bzw. peinlicher, als wenn eine Person aus der Primärgruppe agiert, und letztere sind wiederum peinlicher, wenn der Akteur einer Sekundärgruppe entstammt. Die anderen Facetten erbrachten keine bedeutenden varianzanalytischen Unterschiede. Borg et al. führen den Mangel an der Aufdeckung von erwarteten Unterschieden darauf zurück, dass die Probanden nicht immer dazu gebracht werden konnten, sich in die jeweilige Situation einzudenken. Sie gehen davon aus, dass zusätzliche Personen-Facetten die Ergebnisse verbessern könnten. Ross (1988) kritisiert diesbezüglich, dass die Zuordnung der Situationen zu den verschiedenen „Struktupeln“ in der C-Facette nicht hinreichend sorgfältig vorgenommen wurde. In einer eigenen Studie, die sich mit der Entwicklung der Zuschreibung von Peinlichkeitsgefühlen bei Kindern beschäftigt, gelangt Janet Roos zu folgenden Befunden: Die Facetten oder Situationsparameter „Selbstbilddiskrepanz“ und „Öffentlichkeit“ sind allgemeine Strukturmerkmale peinlicher Situationen: d. h. „die in einer peinlichen Situation zugeschriebenen (negativen) Attribute oder Bewertungen entsprechen nicht dem gewünschten Selbstbild und setzen zudem die aktuelle oder zumindest vorgestellte Anwesenheit anderer Personen voraus, denn entscheidend ist, was die Beobachter im subjektiven Urteil des Betroffenen denken“ (Ross, 1988, S. 130f).[36]

Buss (1980) unterscheidet zwei Gruppen von Auslösern: überdauernde und initiierte Anlässe. Zu den überdauernden Anlässen zählt Buss soziale und körperliche Abweichungen sowie Persönlichkeitsmerkmale. Als initiierte Anlässe bezeichnet der Autor Versagen/Misserfolg, unsoziales und unmoralisches Verhalten gegenüber anderen.

---

[36] Roos' Studie bezieht sich auf die Zuschreibung der komplexen Emotion Peinlichkeit (nur mit Einschränkung auf Scham, s.o.).

Die meisten Untersuchungen verweisen im wesentlichen auf die drei schon bei Buss genannten Formen bzw. Auslöser von Schamgefühlen[37]: a) Abweichungen, b) Überschreitungen/Grenzverletzungen, c) Versagen/Misserfolg. Häufig werden zwei Arten der Scham unterschieden: selbstinitiierte und nichtselbstinitiierte Ereignisse.[38] Diese Einteilung ist nicht unproblematisch, da eine Abweichung (nach Buss ein überdauernder Anlass, s.o., oder ein sportlicher Misserfolg) Scham auslösen kann, mit oder auch ohne fremdinitiierte Aktivitäten. Bei Überschreitungen können Schamreaktionen bei Opfern und/oder auch bei Tätern ausgelöst werden, abhängig von den Situationsparametern (s. Tab. 4). Es folgt eine Zusammenstellung von Situationsformen der Scham, bezogen auf die Lebensbereiche (s. 6.3.4)

Tabelle 4: Formen der Scham (vgl. Buss, 1980)

Typen der Scham	**Selbst-initiiert**	**Fremdinitiiert**	**Situationen, Inhalte/ Komponenten:**
Soziale u. körperliche Abweichungen, Persönlichkeitsmerkmale	**X**	Bei Beschämung durch Spott, Verachtung, Erniedrigung, Missachtung, Respektlosigkeit, Zurückweisung	Ungeschicklichkeit, Emotionalität, physische und/oder psychische Defekte, Hässlichkeit, körperlich entstellt sein, schmutzig sein, stottern, arm sein, unbedeutend sein, Zugehörigkeit (sozial, Geschlecht, ethnisch), Feigheit, Schwächlichkeit, Unterwürfigkeit, Alter, Krankheit, Schüchternheit, Schuld, Geschlechtsorgane zu klein oder zu groß, Nacktheit, Sexualität

---

[37] Zu Anlässen von Scham siehe die folgenden Literaturangaben: Borg, Scherer & Staufenbiel (1985), Buss (1980), Dürr (1988), Darwin (1872/1970), Goffman (1957, 1971), Izard (1977, 1981, 1994), H. B. Lewis (1987), M. Lewis (1995), Mayring (1992), Meyer, Schützwohl & Reisenzein (1993, 1997), Miller (1986), Nathanson (1987), Rost (1990), Scherer (1990), Schmidt-Atzert (1996), Schützwohl & Ulich (1995), Semin (1981), Thane (1979), Tomkins (1963), Ulich (1995), Ulich & Mayring (1992), Wurmser (1993)

[38] Gemeint ist selbstausgelöste und fremdausgelöste Scham (Beschämung) – J. Roos (1988): „Selbstbilddiskrepante Handlungen" u. „Widerfahrnisse" (s.o.)

Versagen, Misserfolge	X		Kompetenzversagen, Irrtümer, Verlierer sein, Unfähigkeit, Körperfunktionen nicht beherrschen, Kontrollverlust, Gestik, Mimik, nicht intellektuell sein, erfolglos sein, sexuelles Versagen, unkontrolliertes sexuelles Verhalten, Impotenz, Frigidität, Niederlagen, schlechte Noten, gelobt werden[39]
Überschreitungen, Grenzverletzendes Verhalten	X	X	Normbrüche, Ungeschicklichkeiten, Verletzung von Regeln, Aggression, voyeuristisches Verhalten, unangemessene Neugierde, Machtmissbrauch, Tugendlosigkeit, Egoismus, sexuelles Verhalten, das verborgen bleiben sollte, antisozial sein, Verrat, Lügen, Diebstahl, Missbrauch anderer Personen, Ausübung von körperlicher und/oder sexueller Gewalt, erzwungene Nacktheit, Anstarren, Kritik, Geringschätzung, stellvertretende Scham (z.B. Scham für ein Familienmitglied, das ein Verbrechen durchgeführt hat)

[39] Auch Lob kann zu einer Schamreaktion führen. Gründe dafür könnten sein, erhöhte Aufmerksamkeit, Angst unangemessen auf das Lob zu reagieren oder der Betreffende fühlt sich des Lobes unwürdig und meint den Erwartungen nicht nachkommen zu können.

6.4. Intensität

Das Erröten bei Scham ist ein Auslöser für weiteres Erröten bzw. zusätzliche Schamreaktionen. Die sich schämende Person offenbart den Zuschauern, dass sie die körperliche, physiologische Kontrolle verliert, wodurch die Scham-Belastung gesteigert wird. Dies kann als Unfähigkeit oder Unsicherheit/Schwäche interpretiert werden (Asendorpf, 1989; Buss, 1980). Siedenbiel (1991) konstatiert, dass das Schamgefühl am oberen Ende eines emotionalen Kontinuums steht, dass das unangenehmste Gefühl ausdrückt. Scham wird in Abgrenzung zur Verlegenheit und Peinlichkeit als wesentlich intensivere Gefühlsregung eingestuft (s. auch 1.3. und 2.2.5.2.).

Schamgefühle wie auch andere intensive Emotionen werden oft abgewehrt, d.h. verdrängt, verleugnet oder sonst wie übergangen. Dies wiederum kann zur Folge haben, dass andere Symptome auftreten (Wurmser, 1993; Kaufmann, 1989; M. Lewis, 1995; H.B. Lewis, 1987; s. auch 9.0.).

6.5. Kognitionen

Geppert & Heckhausen (1989) gehen davon aus, dass physiologische Erregungszustände durch kognitive Informationsprozesse als Schamregung erlebt werden können. Bei Schamgefühlen ist das Bewusstsein erfüllt von zentralen Kognitionen der negativen Selbstbeurteilung, mit den Bewertungen: Ungehörigkeit, Unzulänglichkeit, Würdelosigkeit und der Antizipation der Verachtung durch wichtige andere Personen. Darüber hinaus sieht sich die schämende Person als kognitiv unfähig, inkompetent und keine Erklärung findend (Ulich & Mayring, 1992; Wurmser, 1993). Das bedeutet, die sich schämende Person ist stark berührt vom bzw. kognitiv beschäftigt mit dem in diesem Moment als äußerst bedeutsam empfundenen Selbst. Diese Thesen unterstreicht Helen B. Lewis (1971). Sie ist davon überzeugt, dass Scham durch kognitive Prozesse, d. h. Gedanken innerhalb der sich schämenden Person verursacht werden. Das Nachdenken des Selbst über das Selbst erwirkt demzufolge den Zustand der Selbstabwertung (ebd.).

6.5.1. Scham und attributionstheoretische Ansätze

Allgemein führen Menschen Ereignisse und Erfahrungen auf Ursachen zurück. Dieser Zuschreibungsprozess wird Attribution (Ursachenzuschreibung) genannt (s.a.2.2.1., 2.2.3. und 5.2.). Attributionsprozesse betreffen die Kontrollüberzeugung (internal, external) und die Stabilität (stabil, variabel) der Ursachenfaktoren (Zimbardo, 1999). Nach Weiner (1986/1995) sind spezifische emotionale Reaktionen von den Ergebnissen einer Handlung (Misserfolg, Erfolg), den Ursachenzuschreibungen und weiteren Dimensionen (kognitiven Bewertungsprozessen) abhängig. Eine Person kann mit Scham reagieren, wenn sie einen Misserfolg (entspricht einem negativen Handlungsresultat) auf die eigene Anstrengung (internale, stabile oder variable Zuschreibung) attribuiert (ebd.). Schützwohl kommt in einer Studie (1991) zu dem Ergebnis, dass das Handlungsresultat an sich entscheidend ist und Attributionsprozesse die Schamreaktion eher sekundär beeinflussen.

Dezidiert setzt sich Michael Lewis (1995) mit der Attributionstheorie, bezogen auf die Emotion Scham, auseinander. Er deklariert, dass es nicht externe Ereignisse sind, die bei Menschen Schamgefühle auslösen, sondern dass diese Geschehnisse lediglich innere, komplexe, kognitive Prozesse starten (Wahrnehmungen, Erinnerungen, Interpretationen, Bewertungen, Attributionen). Weiter schreibt er, dass fast alle Modelle des Selbst, die die Erfahrung von Scham beschreiben, dahingehend übereinstimmen, dass das Selbst die Rolle des Objekts spielt. Scham wird demnach ausgelöst, wenn das Selbst auf das Selbst ausgerichtet ist und eine Bewertung des gesamten Selbst stattfindet, bezogen auf die Handlung, oder auf die Handlung und ihren Einfluss auf andere (M. Lewis, 1995). Als wichtige Faktoren, die zu globalen Attributionsstilen bei Menschen führen können, nennt M. Lewis ungünstige Sozialisationsbedingungen während der Kindheit und einen durch Modelllernen übernommenen, vorrangig verwendeten globalen Attributionsstil der Eltern und Lehrer.

Selbstachtung und Selbstbewertung sind Gegenstand verschiedener Studien im Rahmen der Persönlichkeitsforschung. Insbesondere die Untersuchungen von Aron Beck (1996) zur Depression haben sich mit individuellen Unterschieden bei der Selbstattribuierung beschäftigt. Globale Selbstattribuierung[40] bedeutet, dass eine Person sich bei irgendeiner Verletzung des Verhaltenskodex auf ihr ganzes

---

[40] Bei der spezifischen Attribuierung wird nicht das gesamte Selbst global bewertet, sondern einzelne Verhaltensweisen werden untersucht und beurteilt (M. Lewis, 1995).

Selbst konzentriert. Sie benutzten dann bewertende Sätze wie z. B.: „Weil ich das getan habe, bin ich schlecht“ (ebd.) oder „Ich bin dumm“ (A. Ellis, 1996). Albert Ellis sieht in dieser Art der globalen, negativen Selbstattribuierung das „irrationale oder selbsterniedrigende Element“ bei Schamreaktionen (ebd.).

M. Lewis (1995) weist auf die Möglichkeit hin, dass neben dispositionierten, persönlichen Faktoren situationsbedingte Zwänge bei der Attribuierung (global oder spezifisch) eine Rolle spielen können. Einige Forscher geben diesen Ereignissen die Bezeichnung „prototypische Situation“. Mit dieser Begrifflichkeit ist gemeint, dass bestimmte Arten von Situationen eine spezifische Ausrichtung auf das Selbst eher auslösen als andere Geschehnisse. „Körperliches“ ist sehr schwer von der Vorstellung des gesamten Selbst zu trennen. Bislang, so M. Lewis, wurden diese situationsbedingten Faktoren noch nicht genau untersucht (ebd.). Vietmeier (1996) untersuchte in Anlehnung an M. Lewis, ob interne, globale Attribuierung eine notwendige Bedingung der Aktualgenese von Schamgefühlen darstellt. Dieser Nachweis gelang ihr nur bedingt. Die Pbn verwendeten diesen Attributionsstil zwar am häufigsten, jedoch nicht signifikant häufiger. Zusammenfassend besagt der attributionstheoretische Ansatz, dass die Emotion Scham dann eintritt, wenn die Person das Eigenverhalten anhand von Normen oder Regeln als Misserfolg bewertet und wenn das Individuum dann häufig eine internale globale Selbstattribuierung vornimmt.

6.6. Psychophysiologie

Die zentrale physiologische Veränderung bei Schamgefühlen ist das Erröten (s. 6.4). Das Erröten selber kann ebenfalls wieder Anlass zur Scham sein (Tomkins, 1963; Mariauzouls, 1996).[41] Es ist aber nicht zwangsläufiger Begleiter des Schamerlebens. Allgemein wird angenommen, dass sich das Erröten nicht willentlich-bewusst steuern lässt (Einschränkung s.u.). Manche Menschen empfinden auch Scham, ohne diese Reaktion zu zeigen. Individuell gibt es große Unterschiede bei der Häufigkeit des Auftretens. Mit dem Alter verschiebt sich die Errötungsschwelle, so dass Menschen höheren Alters weniger häufig betroffen sind. Unbekannt ist, ob dies aufgrund biologischer oder psychischer Veränderungen im Laufe des Lebens geschieht. Neue Forschungen haben die Vermutung aufgebracht,

---

[41] Tomkins nennt diese Scham sekundäre Scham. In der Psychotherapie wird von dem Problem mit dem Problem bzw. von Problemen zweiter u. dritter Ordnung usw. gesprochen.

dass aufgrund erworbener Fähigkeiten im Erwachsenenalter mehr Kontrolle über die vegetativen Funktionen des Körpers möglich sind und somit die Willkürlichkeit des Errötens mittels Biofeedback zumindest teilweise unter Kontrolle gebracht werden kann. Auch die Anwendung von Abwehrmechanismen können für eine höhere Schwelle des Errötens maßgebend sein (Izard, 1981/1994; Wurmser, 1992; Ulich & Mayring 1992; Mariauzouls, 1996).

Tomkins (1963) betrachtete Scham als eine Emotion, die durch eine Verringerung der Dichte neuraler Impulse ausgelöst wird. Scham wird demnach durch die teilweise Reduktion der neuralen Aktivität der gerade vorhandenen Emotion von entweder Interesse-Aktivität oder Vergnügen-Freude ausgelöst (Izard, 1994, s. auch 6.6.). Das Erröten wird hervorgerufen durch eine Reaktion des vegetativen Nervensystems. Das Nervensystem verursacht eine Hemmung der normalen tonischen und kontraktiven Aktivitäten der Kapillaren des Gesichts, was diesen erlaubt, sich mit Blut zu füllen. Die verstärkte Blutzufuhr führt zu dem roten Gesicht.[42] Durch diese offene, sichtbare Reaktion wird die Aufmerksamkeit auf das Gesicht noch verstärkt, so dass insbesondere das Erröten und das dazugehörende Hitzeempfinden neben dem eigentlichen Schamauslöser von dem Betroffenen als besonders unangenehm empfunden wird (ebd.). Allein die Anwesenheit von Beobachtern ist jedoch nicht allein der Grund für das Erröten. Darwin (1971) führt Beispiele tauber und blinder Kinder an, die besonders häufig erröteten. Menschen erröten auch, wenn sie allein sind. Letzteres wird aufgrund der Erinnerung eines peinlichen Vorfalles, welcher in Anwesenheit anderer geschah, ausgelöst (ebd.; Ross, 1989, Borg, Scherer & Staufenbiel, 1985). Das Erröten bildet bei Scham die herausragende physiologische Komponente. Physiologische Begleiterscheinungen bei Furcht und Angst zeichnen sich in Erbleichen und Fahlwerden aus (Leary, Britt, Cutlip & Templeton, 1982).

Weiter werden Hitzeempfinden und Schweißausbruch, Kloß im Hals und Atemnot, Erhöhung der Herzrate, Übelkeit, Magen-, Darmbeschwerden und Anspannung beschrieben (Mayring, 1992; Izard, 1981/1994; Wurmser, 1992; Ulich, 1995; s. auch 2.1.2. u. 2.1.3.).

---

[42] Bei Farbigen analog zu einer noch dunkleren Gesichtsfarbe (Beobachtung von Darwin, 1872/1970).

6.7. Ausdruck

Vieles spricht dafür, dass der Ursprung von Intimität in der frühen Mutter-Kind-Beziehung und der Scham-Intimität-Verbindung zu finden ist.[43] Diese Intimität entsteht im Kontext der „face-to-face"-Kommunikation, die Pflege, Liebe, Lust und Zärtlichkeit zwischen Mutter und Kind umfasst. Diese erste soziale Beziehung schafft die Verbindung zwischen Blickkontakt, persönlicher Beteiligung und Vertrautheit (Izard, 1981/1994; Tomkin, 1963). Beobachtungen und Forschungsergebnisse unterstützen diese Thesen.[44] Simmel (1921) sieht im Blickkontakt die vollkommenste Gegenseitigkeit in der menschlichen Beziehung. Ausgedehnte Blickkontakte zwischen nicht vertrauten Menschen stehen daher verbreitet unter Tabu (s. auch 6.1.).

Darwin (1871/1970) geht davon aus, dass die Augen und der Blickkontakt das primäre Ausdruckmittel der Scham sind. So werden die Augenlider gesenkt und teilweise ganz geschlossen. Der Scham-Empfindende wendet im typischen Fall seinen Blick und sein Gesicht ab, gewöhnlich, in dem er seinen Kopf zur Seite und nach unten dreht. Oft errötet die betroffene Person (s. 6.6.). Auch ein schnelles Augenblinzeln, hängende Mundwinkel, Lippeneinrollen und Lippenbeißen wird beobachtet. Die Kopf- und Körperbewegungen (zusammensacken, sich-klein-machen) lassen den Betroffenen kleiner erscheinen, die Stimme wird leiser oder verstummt ganz (Buss, 1980; Izard, 1981/1994; Izard & Tyson, 1986; Tomkin, 1963; Mayring, 1992; Wurmser, 1992; Ulich, 1995).

6.7.1. Reaktionen

Bewältigungsintensionen bei Schamgefühlen dienen nach dem Funktionsmodell von Lazarus vorrangig der Regulation von emotionalem „Disstress" und der Änderung der gestörten Person-Umwelt-Beziehung (vgl. Lazarus & Folkmann, 1984). In Schamsituationen konnte Astrit Schütz (1998, in Mandler et al., 2000) in einer eigenen Untersuchungsanordnung häufige Rechtfertigungsversuche beobachten. Meistens, so die Autorin, versuchten die Betroffenen die Schamgefühle

---

[43] Mutter und Kind verbringen viele Stunden damit, einander in die Augen zu blicken (Izard, 1981).

[44] Studien und Untersuchungen zu Blickkontakt und Beziehung: Buss (1980); Ellsworth & Ludwig (1972); Heider (1958); H.B. Lewis (1987), Rubin (1970); Tomkins (1963).

jedoch zu verbergen (vgl. auch: Buss, 1980; Ellsworth & Ludwig, 1972; Heider, 1958; H. B. Lewis, 1987, Rubin, 1970; Tomkins, 1963).

7. Determinanten der Scham

Zu den Determinanten der Scham gehören neben den unten aufgeführten auch intrapersonelle Komponenten wie Attributions- und Bewertungsprozesse, die unter dem Kapitel Kognitionen bereits beschrieben wurden (s. 6.5.).

7.1. Alter, Geschlecht, Persönlichkeit

Lebensalter und Geschlecht sind wichtige Determinanten des Schamgefühls, da Fähigkeits- und Leistungsbereiche stark von diesen beiden Variablen abhängen (s.a. 7.2). Verstöße gegen Gruppennormen und Regeln oder sexuelle Kontexte sind eher bei jüngeren Personen schamintensiv, Verletzungen des Selbst durch einen Angriff auf das verinnerlichte eigene Wertesystem tangiert eher ältere Personen (Hultberg, 1988). Darwin (1970) stellte die allgemeine These auf, dass Frauen leichter erröten und eher mit Verlegenheit und Scham reagieren. Dazu gibt es unterschiedliche Thesen. Eine interkulturelle Untersuchung von Bluton, Jones und Konner (1973, in Izard, 1981) weist darauf hin, dass geschlechtsspezifische Unterschiede bezüglich der Schamschwelle bei Jungen und Mädchen bestehen. Bei mehreren Maßzahlen erreichten Jungen signifikant höhere Punktwerte im Bereich der Soziabilität. Andere Untersuchungen konnten wiederum keine geschlechtsspezifischen Unterschiede herausfinden (Shields, Mallory & Simon, 1990; Lery & Medows, 1991). Es kann aber angenommen werden, dass Frauen Errötungsangst eher zugeben als Männer (Mariauzouls, 1996).

7.2. Formale Bildung, Beruf und sozialer Status

Bei Personen, die häufig vor Publikum agieren müssen, können Habituationsprozesse dazu führen, dass Schamreaktionen gemindert auftreten oder ganz ausbleiben. Lowenfeld (1977) unterstreicht, dass Scham im besonderen Maße ein von Status-, Klassen- und Gruppenzugehörigkeit abhängiges Phänomen sei. Ähnlich sieht es Lebra (1971). Er konstatiert, dass Scham generell als ein Rangordnungsphänomen aufzufassen sei und dass das Schamgefühl generell durch das Verfehlen von Statusaspirationen oder durch Statusabweichungen ausgelöst wird.

Gelegentlich wurde auch behauptet, dass sozial höchstrangige sehr niederrangige Menschen als so unwichtige Personen betrachten, dass sie sich vor diesen bei Handlungen nie zu schämen brauchten. Duerr (1990) verwirft diese These. Er nimmt an, dass es sich dabei um Ausnahmen bzw. Entgleisungen und weniger um regelbasierendes Verhalten handle. Alter, Geschlecht, Status und sozialer Rang beeinflussen sich wiederum gegenseitig (s. auch 7.1.).

7.3. Familie und soziale Vertrautheit

Nach Buss (1980) hängt die Reaktion der Zuschauer auch von deren Anzahl und Zusammensetzung (vertraut, familiär, fremd, Autoritätspersonen, Status der anderen) sowie von der Art und Schwere des Vorfalls (verursachte Schädigung, Normverletzung usw. durch den Akteur) ab. Oft versuchen die Mitglieder einer Gruppe, die peinliche Situation aus der Welt zu schaffen, oder die Gruppe wartet ab, bis der Betroffene seine Fassung wiedererlangt hat (Buss, 1980; Weiner, 1986; Miller, 1987).

Auch Verachtung, Ausstoßung, soziale Isolierung, Demütigung, Spott, Abwertung, Respektlosigkeit sind häufige, längerfristige Gruppenreaktionen, besonders dann, wenn es sich um moralisches, ethisches Vergehen handelt (H.B. Lewis, 1987; Buss, 1980; Nathanson, 1987; Wurmser, 1993).

7.3.1. Scham in der Kindheit und Jugend

Michael Lewis (1995) konstatiert, dass die Sozialisierung der Scham von den Eltern zum Kind durch Demütigung, Ekel und Liebesentzug[45] hervorgerufen wird. Alice Miller (1991) kommt zu dem Schluss, dass der Sozialisierungsprozess oft von Scham und Erniedrigung geprägt sei. Dadurch beeinflussen die Eltern in hohem Maße das Denken und Fühlen ihrer Kinder. Nicht das Versagen an sich, sondern die Bestrafung des Versagens ruft Scham hervor. Wenn z.B. eine Mutter zu ihrem Kind sagt: „Du bist nicht intelligent“, macht sie das Kind verantwortlich und trifft eine globale Aussage zum Selbst. (M. Lewis, 1995). Liebesentzug stellt für den Säugling und für das „Kleinkind“ einen schweren „biologischen Verlust“ dar. Wenn Kinder älter werden, glauben sie, dass sie nicht erwünscht sind. Die

[45] Liebesentzug sieht der Autor als „prototypische Scham-Situation“.

Person entwickelt einen „internen, globalen Versagens-Attributionsstil", der ein wesentlicher Bestandteil der Scham ist. Gemeinsam mit den Objekttheoretikern verbindet M. Lewis (1995) die Überzeugung: „dass das Scheitern der Eltern-Kind-Beziehung durch eine Disposition für Scham zu Pathologien führt."

7.4. Situationsbedingte Determinanten (Zuschauer, Beteiligte)

Peinlichkeits- bzw. Schamgefühle[46] entstehen nur dann, wenn der Akteur bemerkt, dass Ereignisse öffentlich oder in der Vorstellung im Blick anderer Menschen stattfinden (Roos, 1989; Semin, 1982; s. 6.3.4.). Borg et al. (1986) machten in ihrer Untersuchung deutlich (s. 6.3.4.), dass die geäußerte Ursachenzuschreibung des Publikums die Selbstattribution der sich schämenden Person beeinflussen kann. Versagen und Regelverstöße/Normbrüche werden laut Buss (1980) von Zuschauern eher der Person (dem Akteur) als externalen Umständen zugeschrieben, wodurch Schamgefühle verstärkt werden können (s. auch 7.3.). Zur Wechselwirkung, die möglicherweise zwischen Zuschauern und Akteur stattfinden, ermittelte Semin (1982) die folgenden vier Merkmale:

Tabelle 5: Publikumsreaktion, abhängig vom Umgang des Akteurs mit der peinlichen Situation (Semin, 1982)

Reaktion der Person	**Beurteilung der Person durch die Zuschauer**
1. Starker emotionaler Ausdruck und Versuch, die Situation zu retten	Liebenswert
2. Starker emotionaler Ausdruck und kein Versuch, die Situation zu retten	Nicht liebenswert, Verminderung der Wertschätzung
3. Schwacher, kontrollierter emotionaler Ausdruck und Versuch, die Situation zu retten	Souverän, reif, kompetent
4. Schwacher emotionaler Ausdruck und kein Versuch, die Situation zu retten	Unreif, inkompetent

[46] Janet Ross macht später eine Einschränkung: Scham kann auch ohne „Öffentlichkeit" stattfinden (vgl. Mandl et al., 2000).

Werden Normen, Regeln, Ziele, Erfolg und Misserfolg von der sich schämenden Person offen anerkannt, reagieren Beteiligte häufig mit „Vergebung und Liebe" (M. Lewis, 1995). Dies bestätigen Semins Befunde weitgehendst (s. Tab. 5).

Auch die Anzahl der Zuschauer kann die Intensität der Scham beeinflussen. Je mehr Beobachter desto größer die Scham (Shern, Bergman, Hill, Abel & Hinds, 1990).

7.5. Scham und kulturelle Herkunft

Kulturen, Subkulturen und soziale Umwelt übermitteln Normen und Regeln, die bei Übertretung zur Scham führen können. Die kulturspezifischen Einflüsse sind einerseits unübersehbar (Leighton & Kluckhorn, 1947), andererseits kann aber von interkulturellen Phänomenen ausgegangen werden (s. auch 3.0.). Duerr (1988/1990) befasste sich eingehendst mit der Körperscham und sieht in ihr trotz der kulturspezifischen Einflüsse universelle Verhaltensmuster. Drei gleiche Merkmalskomponenten,[47] die in den meisten Gesellschaften zu beobachten sind, führt der Autor in diesem Kontext an: a) Frauen und Mädchen werden angehalten, sich so zu zeigen (Haltung, Gestik), dass sie sich keine „Blöße" geben, b) Knaben werden später zu kleiden begonnen als Mädchen, c) Jungen und Mädchen haben das drängende Bedürfnis, sich kurz vor oder während der Pubertät in der Öffentlichkeit und besonders vor dem anderen Geschlecht nicht mehr nackt zu zeigen.

Eibl-Eibesfeldt (1984) vermerkt, dass die Eigenschaft, sich zu schämen, in allen Kulturkreisen anzutreffen ist und dass es keinen Unterschied macht, ob z.B. die sexuell-erogenen Zonen einer Person offen oder verhüllt sind. "Sehr oft werden die Geschlechtsorgane durch Kleidung verborgen. Es gibt jedoch auch Völker, die für unsere Begriffe völlig nackt gehen, z B. die Yanomami, deren Frauen nur eine dünne Schnur um die Leibesmitte tragen. Aber selbst diese Schnur ist symbolisch angekleidet. Fordert man eine Frau auf, sie abzulegen, dann gerät sie genauso in Verlegenheit wie eine Frau unserer Kultur, wenn man sie bäte, sich auszuziehen".

---

[47] Es handelt sich um Verhaltenskomponenten, die das Auftreten von Scham bzw. „Beschämung" verhindern sollen.

8. *Funktion der Scham*

Scham wird zu den ausgereiften Emotionen gezählt, und sie betrifft praktisch alle Menschen. Deshalb ist davon auszugehen, dass die Schamreaktion den Betroffenen auch etwas nützt. Hamilton (1964) verweist auf den großen Nutzen für die Gruppe (Clan) und die Familie. Agnes Heller (1982) konstatiert: „Zwischen moralischen Normen und sozialer Macht vermittelnd, entsteht das Schamgefühl im Schnittpunkt von Individuum und Gesellschaft, verbindet es das Soziale im Individuellen und das Individuelle im Sozialen, das ohne Verkörperung im Einzelnen praktisch nicht zur Geltung käme."

8.1. Selbstschützende und selbsterweiternde Scham

Die sich selbstschützende Funktion der Scham kann von den Ausdrucksformen des Sich-klein-Machens und Sich-Versteckens abgeleitet werden (Rutishauser, 1971; Straus, 1960). Scham schützt bzw. bewahrt das Familiäre und das „Individuell-Private" (Duerr, 1990). Von einer selbststärkenden Wirkung der Scham kann ausgegangen werden, wenn sie als Motivation zur Leistung (Atkinson, 1957; Shane, 1980; Stipdek, 1983) und zur Schamvermeidung als Motiv zum erfolgreichen Handeln (im Sinne der Aufgabenlösung) verstanden wird (Izard, 1981; Thrane, 1979). Diese selbsterweiternde Funktion macht besonders bei Misserfolgsscham Sinn für die Gruppengemeinschaft, da Schamreaktionen entsprechenden Status-, Rang- und Prestigeverlust zur Folge haben können. In diesem komplexen Rangordnungsmechanismus kann die Schamreaktion dem Individuum Hilfestellung zur Einschätzung der eigenen Kompetenz und zum eigenen Rangplatz in der Gemeinschaft geben (Geppert & Heckhausen, 1988).

Kaufmann (1989) führt in diesem Kontext den sippenselektionistischen Aspekt der sozialen Selbstkontrolle des Einzelnen an. Regulation des ethisch-moralischen Handelns sowie die Konformität und Einhaltung von Gruppennormen werden besonders durch die Überschreitungsscham auch ohne direkte Sanktion durch die Gruppe sichergestellt (Borg et al., 1986; Izard, 1981; Kagan, 1987; Nathanson, 1987; Thomson, 1987).

8.2. Aggression und Schamgefühl

Spontane Aggressionslust, passive Frustration, Konkurrenzverhalten sind Aggressionsneigungen, die von Aggressionsantagonisten reguliert und kontrolliert werden: Mitleid, Angst, Schwäche, Ekel, Schamgefühl, Schuldbewusstsein etc.. Diese Gegenspieler stehen sich normalerweise in einem labilen Gleichgewicht gegenüber. Einer der Widersacher ungezügelter Aggression ist die Angst vor sozialer Ablehnung und Bestrafung (Angst vor Scham und Schuld). Andererseits kann der Verlust von Achtung bzw. Selbstwert wiederum eine Quelle von Aggression und Gewalt sein. Darauf machte als einer der ersten Otto Rank (1945/1972) mit seinen Ausführungen über Effizienz und Macht aufmerksam.

8.3. Geschlechtliche Scham

Wenn es um die Funktion der sexuellen Scham geht, stehen drei wesentliche Bereiche im Mittelpunkt: Aggressionsvermeidung, intime Vertrautheit und Liebe sowie sexuelle Attraktivität.[48]

Da Menschen öffentliche Kopulationsakte vermeiden, wird die These abgeleitet, dass dies dazu beitrage, sexuelle Aggression und Rivalität unter Männern sowie deren sexuelle Erregtheit zu mildern (Eibl-Eibesfeldt, 1984; Izard, 1981/1994; Zillmann, 1984). Zur Funktion der sexuellen Leibesscham der Frau wird folgendes angenommen: Da sich die Frau nur dem Partner nackt zeige bzw. ausschließlich mit ihm sexuelle Kontakte eingehe, habe er mehr Sicherheit, der Vater seiner eigenen Kinder zu sein. Dies wiederum diene indirekt der Versorgung des eigenen Nachwuchses (Duerr, 1990; Grammer, 1989; Symons & Ellis, 1989). Max Scheler (1957) schreibt der geschlechtlichen Scham eine sehr positive Rolle zu, indem sie die Geschlechts- und Fortpflanzungstriebe einschränke und nur durch „echte Liebe" überwunden werden könne und so im Sinne einer Selektion des wertvollen Geschlechtsgenossen Relevanz für die qualitative Höherentwicklung der Nachkommen gewinne. Dies ist zugleich eine Kritik an Freuds Theorie, der in der Scham den Effekt der Libidoverdrängung sieht. Scheler hält das, was nach Freuds Auffassung zur Verdrängung führt, nicht für echte Scham, sondern für Furcht vor

[48] Wenn die sexuelle Schamfunktion diskutiert wird, steht häufig die weibliche Sexualscham im Mittelpunkt. Es darf aber nicht der Eindruck entstehen, dass Knaben und Männer sich überall in allen Situationen äußerst schamlos bzw. sexuell völlig unbefangen verhalten.

möglichen sozialen Folgen bzw. vor dem Tadel der Gesellschaft (Kuhn, 1973; Scheler, 1957). Scheler (1957): „Scham ist ... keine Form der Selbsttäuschung, sondern gerade die Kraft ihrer Aufhebung. Sie ist die Wegbahnerin zu uns selbst."

Dass Scham die geschlechtliche Annäherung hemmt, ist eher umstritten. Oft wirken gerade „schamhafte" Frauen auf Männer eher erotisch, stimulierend und anziehend. Erotisch-verbale Anzüglichkeiten veranlassen die Beschämte, etwas über ihr Seelenleben preiszugeben (Buss, 1980; Izard, 1981/1994; Rutishauser, 1971; Scheler, 1957).

Zum Thema Scham, Kleidung und Schmuck sei auf die Literatur von Fluegel (1950), Winkler und Schweickhardt (1982), König (1988), Nixdorf (1987) und Leyhausen (1983) hingewiesen.

8.4. Ausdrucks- und Signalfunktion der Schamreaktion

Die Signalwirkung der Scham auf andere Personen zeigt sich durch die motorische und physiologische Ausdrucksreaktion.

Izard (1994) und Rutighauser (1971) verweisen auf sexuelle Signale, Lansky (1987) und Karch (1971) konstatieren die soziale Signalwirkung der gezeigten Schwäche und Niedergeschlagenheit, die von den Beteiligten erkannt und entsprechend respektiert/akzeptiert werden kann. Auch Schutzbedürftigkeit, Verletztheit und regulative Zeichen in Partnerschaft und Gruppengemeinschaften wird als Signal des Schamausdrucks verstanden (Geppert & Heckhausen, 1988; Rutishauser, 1971).

9. Scham: Nicht organisch bedingte, psychogene und soziogene Beeinträchtigungen

„Alle psychischen Störungen sind auch Emotionsstörungen" (Krause, 2000). Krause verweist auf das Diagnostische und Statistische Manual Psychischer Störungen (DSM-IV, 1996), in dem die meisten aufgeführten psychischen Krankheiten durch tiefgreifende Muster emotionaler Störungen bedingt sind.

Die Emotion Scham spielt in der Psychopathologie[49] eine große, oftmals verkannte bzw. unerkannte Rolle (Kuhn, 1973). Werden Schamgefühle verdrängt, verleugnet oder sonst wie übergangen, kann dies zur Symptombildung führen (M. Lewis, 1995; H. B. Lewis, 1987). Donalt Nathanson (1987) schreibt: „Der Therapeut sieht nicht das Symptom Scham, sondern den Symptom-Verursacher Scham." Abgesehen von der sozialen Phobie basiert das Meiste, was über die Zusammenhänge zwischen Scham und psychischen Belastungen veröffentlicht wurde, auf Alltagsbeobachtungen aus der Psychiatrie oder auf Einzelfallstudien. Oft wird in diesem Kontext auf die Studien von Kaufmann (1989) hingewiesen, der von „psychopathologischen Syndromen" (s. auch Wurmser, 1993), die auf Scham basieren, spricht. Kaufmann versucht nachzuweisen, dass beinahe alle wichtigen, nicht organisch bedingten psychosozialen und psychogenen Störungen den „Scham-Syndromen" untergeordnet sind. Peter Joraschky zählt Angstkrankheiten, Depressionen, narzisstische u. selbstunsichere Persönlichkeitsstörungen und Sozialphobien zu *den* Krankheiten, die mit Selbstwertproblemen und Scham einhergehen. Der Autor vermutet vor diesem Hintergrund eine Erklärung für die hohen Komorbiditätsraten dieser Störungsbilder (Joraschky 1998, in Katsching, Demal & Windhaber, 1998; s. auch 1.1.).

Aus der Literatur[50] lassen sich die folgenden Schwerpunkte psychosozialer und psychogener Beeinträchtigungen, die „Scham-Syndromen" (Kaufmann, 1989) zugeordnet sind, eruieren.

---

[49] Es muss aber darauf hingewiesen werden, dass Scham selbst keinen pathologischen Zustand darstellt. Sie ist eine „normale" Emotion, wenn unter normal verstanden wird, dass jeder sie fühlen kann und bei manchen Gelegenheiten tatsächlich fühlt. Pathologisch ist es dann eher, *keine* Scham zu erleben, unfähig zu sein, Scham zu fühlen. Andererseits kann Scham jedoch pathologisch sein, wenn die Attribuierungen der Person pathologisch sind, z.B. wenn das Individuum Normen, Ziele, Regeln usw. zu hoch ansetzt (vgl. M. Lewis, 1995).

[50] Dazugehörige Literatur: Beck, Rush, Shaw & Emery (1985); Binswanger (1957); Goffman (1957, 1971); Erichsen (1975); Frank (1991); Fossum & Mason (1992); Freud (1905/1991); Izard (1994); Jacobson (1961, 1971); Hilgers (1994); Kaufmann (1989); Katsching, Demal & Windhaber (1998); Kuhn (1973); Lear (1990); H. B. Lewis (1987); M. Lewis (1995); Mandl et al. (2000); Miller (1987); Nathanson (1987); Lynd (1958); Sass et al. (1996); Scherer (1990), Sigusch et al. (1996); Wurmser (1993)

9.1. Affektive Beeinträchtigungen

Depressionen können durch Scham und Schuld entstehen. Intensive Erniedrigung und Entwürdigung des Selbst, die durch das Gewissen bedingt sind, werden als Anlass zur „Schamdepression" gesehen (Beck et al., 1996; Wurmser, 1993). Der emotionale Verlust des eigenen Wertes ist so gegenwärtig, das schwer Depressive fast immer an Selbsttötung denken (Mandl et al., 2000). Milvan Lansky (1988, in M. Lewis, 1995) untersuchte Familien und stellte die These auf: „Es ist unwahrscheinlich, dass die Suizidneigung aus der Depression selbst und nicht aus der Scham des Patienten über seine Konzentration auf die Depression resultiert."

9.2. Angst und Furcht

Es wird angenommen, dass bei den phobischen Krankheitsbildern wie z.B. Agoraphobie und auch der Klaustrophobie häufig Angst den manifesten und Scham den latenten Faktor der Beschwerden präsentieren.

9.3. Soziale Phobie (Soziale Angst)

Der Beginn der sozialen Phobie liegt typischerweise im Alter von etwa 15 Jahren, manchmal entwickelt sie sich auch schon in der Kindheit. Die soziale Phobie kann sofort an ein belastend oder peinlich empfundenes Erlebnis gebunden oder auch schleichend erfolgen. Im DSM-IV (Sass et al., 1996) ist die Soziale Phobie als eigene Störung aufgeführt. Hauptmerkmal ist eine ausgeprägte, anhaltende Angst vor sozialen oder Leistungssituationen, in denen Peinlichkeit bzw. Scham auftreten können. Die betroffene Person befürchtet, dass andere sie als ängstlich, schwach, „verrückt" oder dumm beurteilen. Kommt es zur phobischen Situation, reagiert das Individuum mit Herzklopfen, Zittern, Schwitzen, Magen-Darm-Beschwerden, Durchfall, Muskelverspannungen, Erröten, „Durcheinander-Sein". Das Meidungsverhalten erschwert in erheblichem Ausmaß das Berufsleben, soziale Beziehungen und Aktivitäten. Die Lebensprävalenz liegt zwischen 3 – 13 %.[51] Es kann angenommen werden, dass die berichteten Prävalenzen wahrscheinlich stark von der Anzahl und Art der sozialen Situation und von der Intensitäts-

---

[51] Eine neuere Untersuchung in den USA gibt die Lebenszeitprävalenz mit 13,3 % an (Katsching, Demal & Windhaber, 1998).

schwelle abhängen, die für die Ermittlung der Beeinträchtigung bei den Untersuchungen festgelegt wurden. So berichten in einer Studie 20 % der Befragten über Ängste vor öffentlichem Sprechen und Leistungen, bei denen nur bei 2 % die Diagnose einer sozialen Phobie zu rechtfertigen ist (ebd.).

9.4. Essstörungen, Abhängigkeiten, Zwänge und Süchte

Der Kern der Schamgefühle bei Anorexia nervosa wird meist in der Ablehnung des eigenen Körpers gesehen. Der Körper wird als schmutzig und hässlich betrachtet. Jede Entwicklung des Körpers (Weiblichkeit) und im weiteren Sinne des Menschseins (Gefühle) wird unterdrückt. Neben dem drastischen Fasten, das die Klienten vehement verleugnen, gibt es „Fressanfälle" („Bulimie" bei anschießendem Erbrechen), die heimlich passieren und häufig auf Bedrohungen eindringlicher und überwältigender Nähe folgen. Die Fressanfälle führen zu extrem starken Schuld, Scham- und Ekelgefühlen, das Erbrechen kann die Schamgefühle mindern. Scham wird meist wegen der Schwäche (Kontrollverlust) empfunden, deren Ursache in der klammernden Abhängigkeit von oraler Gratifikation und Befriedigung gesehen wird.[52]

Fossum & Mason (1992) beschreiben mögliche schamgebundene Kontroll- und Auslösemechanismen: Scham verstärkt die Dynamik zwischen Steuerung und Freisetzung. Auf der einen Seite setzt sie die Person unter unerbittliche Kontrolle (Zwang), auf der anderen Seite erfolgt der Ausgleich im selbstzerstörerischen Sich-gehen-Lassen (Sucht).

9.5. Persönlichkeitsstörungen und Spaltungssyndrome, Schizophrenie, paranoide Zustände und Delinquenz

Argwohn und Beziehungsideen von paranoiden Persönlichkeiten sind häufig durch Scham determiniert. In einer paranoid-feindseligen oder paranoid-depressiven Stimmung wird die Welt oft als „abweisend, anklagend und absicht-

---

[52] Tomkins (1963): „Wenn man sich leer fühlt und danach hungert, sich einem anderen Menschen verbunden zu fühlen, sich verzweifelt danach sehnt, von jemandem in den Arm genommen zu werden, geliebt und bewundert werden will – und wenn all das durch die Scham tabuisiert worden ist –, wendet man sich statt dessen dem Essen zu."

lich kränkend" erscheinen (Jakobsen, 1971). Edith Jakobsen konstatiert, dass die paranoide Stimmung einem „generalisierten Schamzustand" am nächsten kommt.

Scham wird als die zentrale Emotion für selbstunsichere und narzisstische Persönlichkeitsstörungen und als Schlüsselemotion für die Borderlinestörung aufgefasst. Überwältigende Scham und häufige Zurückweisung, Erfahrungen des Scheiterns und Übergriffe auf den Kernbereich der Person (besonders während der Kindheit und Jugend) führen zur Dysregulation des Selbstwertempfindens und werden als verursachende Faktoren vermutet (Hilgers, 1994). Bei schweren Störungen wird häufig das Fehlen der Grenze zwischen Selbst und Umwelt beobachtet (ebd.).

Auch die Multiplen Persönlichkeitsstörungen (MPD)[53] werden mit Scham in engen Zusammenhang gebracht. M. Lewis (1995) verweist auf das Hauptkennzeichen der MPD, die extreme Dissoziation, von der er annimmt, dass sie durch Schamvermeidungsprozesse entstanden ist, die ihre Ursachen in schweren sexuellen Kindheitstraumata haben könnten.

Neben Schuld halten Schamgefühle einen Menschen in der Regel davon ab, egoistische, triebhafte Wünsche und Bedürfnisse aggressiv und gewaltsam zu Lasten anderer Menschen zu befriedigen. Wird das gesellschaftliche Moralitätsprinzip zugunsten egoistischer Lust- und Bedürfnisbefriedigung zurückgestellt, kann es zu strafwürdigen Handlungen kommen. In starkem Maße wird dies in der „Soziopathie" (Kriminelle „Psychopathie") angenommen. Bei „soziopathischen" Gewalttätern ist daher von einer geringen Entwicklung dieser Emotion auszugehen (Wurmser, 1993). Otto Rank (1945/1972) machte in seiner Theorie über Effizienz und Macht als einer der ersten darauf aufmerksam, dass der Verlust von Achtung bzw. Selbstwert zur Aggression und Gewalt führen kann.

Scham wird auch bei Menschen mit zyklischen, schizophrenen Psychosen beobachtet (Kuhn, 1973).

[53] Kennzeichen von MDP: Innerhalb einer Person existieren zwei oder mehrere Persönlichkeiten oder Persönlichkeitszustände, von denen jede ein ihr eigenes, relativ überdauerndes Muster hat. Zumindest zwei dieser Persönlichkeiten bzw. Persönlichkeitszustände übernehmen wiederholt die volle Kontrolle über das Verhalten des Individuums (DSM IV).

9.6. Voyeurismus, Skopophilie, Exhibitionismus, Masochismus und sexuelle Dysfunktionen

Voyeurismus, Skopophilie, Exhibitionismus repräsentieren „kontraphobische Symptombildungen“, die als Abwehr gegen Scham eingesetzt werden (Sigusch et al., 1996; Wurmser, 1993). Auch Zusammenhänge mit Masochismus werden vermutet. Bei dieser „Perversion“ wird als Ursache häufig die Konfrontation des Individuums mit passiv erlebter Aggression, sexuellen Lustgefühlen und erlebter Hilflosigkeit angenommen (Wurmser, 1993).

Auf die wichtige Rolle von Schamgefühlen bei Dysfunktionen sexueller Art wie Anorgasmie, vorzeitiger Samenerguss, Vaginismus und Impotenz u.a. verweisen Sigusch et al. (1996).

9.7. Störungen des Schamgefühls

Selbstgefälligkeit und Hybris zeigen sich im ständigen „zwanghaften“ Versuch, Schamgefühle zu unterdrücken und stattdessen die eigene Person stets „großartig“ erscheinen zu lassen. Ebenso kommen Aggression und Wut, die sich u. a. in „verachtendem Zynismus“ mit seiner an „Werten mangelnden Charakterstruktur“ als Schamlosigkeit zeigen, vor. Selbstgefälligkeit, Hybris, Aggression und Wut dienen schamhaften Menschen, ihre empfundene „Minderwertigkeit“ zu unterdrücken (Wurmser, 1993).

Eine Regression auf die Ambiguität (Amati, 1990) kann bei Menschen auftreten, die Extrembedingungen erdulden mussten (Folter, Vergewaltigung, Haft, Lager, Verschleppung, Entführung o.ä.). Bei den Opfern kann es zu erzwungener Kooperation mit ihren Peinigern kommen (um zu überleben), was mit starken Schamaffekten verbunden ist. Die Regression auf die Ambiguität kann abgebaut werden, indem an intakte, „nicht selbst-korrupte Ich-Anteile“ angeknüpft wird, so dass eine Bearbeitung der Scham möglich ist.

Erwähnung verdient auch die Erythrophobie (Leichterrötbarkeit). An dieser Störung leiden Individuen, die auch bei „nichtigen Anlässen“ erröten. Oft haben die betroffenen Personen Angst vor dem Erröten. Schon die Anwesenheit anderer Personen, z.B. als Fahrgast in einem Zug in dem sich noch andere Personen aufhalten, kann Erröten zur Folge haben, was wiederum ein Anlass zur Scham sein kann (Edelmann, 1990; Asendorpf, 1989).

III. Empirischer Teil

1. Fragestellung der Untersuchung

In dieser Studie werden Anlässe, Komponenten, Determinanten und Dimensionen des Schamerlebens untersucht. Die Fragestellungen unterteilen sich somit in Hypothesen, die sich einerseits mit der Aktualgenese von subjektiv empfundenen Schamgefühlsreaktionen, deren Komponenten und beeinflussende Faktoren und andererseits mit den aktuellen psychogenen, somatogenen und soziogenen Beeinträchtigungen der Untersuchungsteilnehmer beschäftigen.

1.1. Hypothesen

1. Schamgefühlsreaktionen können durch typische, situationsbedingte Anlässe ausgelöst werden.
2. Diese möglichen, situativen Anlässe lassen sich klassifizieren und durch hypothetisch festgelegte Faktoren (Dimensionen) darstellen.
3. Mit Hilfe der ermittelten Faktoren können unterschiedliche Schamreaktionstypen beschrieben werden.
4. Das subjektive Schamerleben ist mit kennzeichnenden Kognitionen in der jeweiligen Situation verbunden.
5. Mit den situationsbedingten, kennzeichnenden Kognitionen lassen sich wesentliche Komponenten typischer Schamreaktionen beschreiben.
6. Sozio- und ökodemografische Einflüsse spielen bezüglich der Intensität und der Häufigkeit des Schamerlebens eine unbedeutende Rolle.
7. Personen, die in ihrer Kindheit und Jugend häufiger mit Schamgefühlen reagierten, weisen auch als Erwachsene signifikant höhere Schamreaktionswerte auf.
8. Individuen mit höheren Schamreaktionswerten geben signifikant ausgeprägtere soziale, psychische und somatogene Beschwerden an als Personen mit niedrigeren Werten.
9. Mit den Symptomen der subjektiv empfundenen soziogenen, psychogenen und somatogenen Belastungen können typische „Schamsyndrome“ beschrieben werden.

2. Untersuchungsplan

In einer dreistufigen Untersuchungsanordnung werden anfangs Anlässe gesammelt, die Schamgefühlsregungen bei erwachsenen Individuen auslösen können. Diese Situationen werden analysiert, sortiert, modifiziert und aufgelistet. Aus den gewonnenen Daten wird ein Situations-Bewertungsinventar entwickelt, das im darauf folgenden Untersuchungsschritt Psychologiestudentinnen und -studenten im Grundstudium (Versuchspersonen – kurz: Vpn) zur Einschätzung vorgelegt wird. Mit Hilfe von faktorenanalytischen Verfahren werden Schamformen und die dazugehörenden typischen Reaktionskomponenten ermittelt. Aus dem Material wird ein reduzierter Schamreaktions-Fragebogen (SFB) erstellt, der im dritten Teil der Studie (Hauptteil) zusammen mit einer standardisierten Symptomcheckliste klinisch relevanter, psychogener, soziogener und somatogener Störungen einer weiteren Stichprobe zur Beantwortung dargeboten wird.

Mit Hilfe von Mittelwertvergleichen, Korrelationsanalysen und Häufigkeitskontrollen werden die Ergebnisse und Hypothesen überprüft und Bausteine für eine Theorie der Scham, bezogen auf die ermittelten Schamdimensionen und Schamreaktionstypen, die dazugehörenden Komponenten und beeinflussenden Determinanten, entwickelt.

3. Die Untersuchung

3.1. Ermittlung von Schamerlebnissen

3.1.1. Methodik

Ein standardisierter Fragebogen zur Erfassung von Beispielen, die Scham auslösen, ließ sich nicht finden.[54] Da die Aktualgenese von Schamgefühlen auch durch den Wandel gesellschaftlicher, ethisch-moralischer Wertmaßstäbe und Normen beeinflusst wird, erscheint es sinnvoll, ein zeitlich aktuelles Inventar zu entwickeln.[55] Im Vordergrund der ersten Untersuchung steht daher die Sammlung von

[54] Es gibt einige nicht-standardisierte Inventare zu folgenden Bereichen: Schüchternheit: Zimbardo (1994); Peinlichkeit bzw. Scham: Borg et al. (1985), Kaufmann (1989), Roos (1988), Semin (1981)

[55] Z.B. lösen öffentliche „Nacktheit" oder „Kopulationsakte" heute bei vielen Menschen in „modernen" Gesellschaften häufig weniger Scham aus als noch vor einigen Jahren (vgl. Elias, 1981, 1982 und Dürr, 1990; s. auch II, 3.0.).

(Scham-)Anlässen[56] für die Ausarbeitung eines Fragebogens, der es ermöglicht, das Untersuchungsthema in knapper schriftlicher Form zu erfragen. Mit Rücksicht auf die intimen, sublimen, gefühlsbetonten Reaktionen von Schamgefühlsregungen wird die schriftliche, anonyme, halbstrukturierte Befragung verwendet (vgl. Bortz, 1984, S. 181; s. auch II, 2.1.3.).

Im Schneeballverfahren (s. diesbezüglich Schnell, Hill & Esser 1992) werden 60 Fragebögen mit frankiertem, adressiertem Rückantwortumschlag verteilt. Im Anschreiben wird die Untersuchung beschrieben, und die Probanden (Alter über 18 Jahre) werden angewiesen, neben sozialen und demographischen Daten zu ihrer Person Erlebnisse anzugeben, bei denen sie mit der Emotion Scham reagieren (s. Anhang). Zwei im Anschreiben aufgeführte Beispiele erleichtern die Antworten. Anschließend senden die Probanden den Bogen ohne Absenderabgabe an die angegebene Adresse des Versuchsleiters zurück.

3.1.2. Der Fragebogen

Der Fragebogen besteht aus 4 Teilen: dem Anschreiben mit der Anleitung, zwei Beispielsituationen, fünf begrenzten Antwortfeldern und einem soziodemografisch-allgemeinen Fragenteil mit den sechs Items zu Alter, Beruf, kultureller Herkunft, Geschlecht, Bildungsstand und eigenen Anmerkungen (s. Anhang).

---

[56] Die Schreibweise „(Scham-)Anlass" soll anzeigen, dass es keine „Schamsituationen" in dem Sinne gibt, in denen alle Menschen mit Scham reagieren würden.

3.1.3. Die Stichprobe

Daten	Charakteristik	%
Verteilung	60 Bögen	
Rücklauf	21 Fragebögen / 68 Situationen	35,0
Eingang	November 1997 – Januar 1998	
Anzahl	21 (auswertbar)	100,0
Altersangaben (in Jahren)	18–29: 3 Personen	14,3
	30–39: 5 Personen	24,0
	40–49: 8 Personen	38,1
	50–59: 3 Personen	14,3
	60 Jahre und älter: 2 Personen	9,5
Berufsgruppen	8 Angestellte	38,1
	4 Akademiker	19,0
	4 Studenten	19,0
	3 Arbeiter	14,3
	2 Rentner	9,5
Geschlechtsangabe	13 Frauen	62,0
	6 Männer	28,6
	2 Personen ohne Angabe	9,5
Bildung	8 Abitur	38,1
	8 Mittlere Reife	38,1
	4 Hauptschule	19,0
	1 Person ohne Angabe	4,8
Kultur	21 deutsch	100,0

3.1.4. Repräsentativität

Die weiblichen Probanden sind mit einem Anteil von 62 % überrepräsentiert. Das Gleiche gilt für die höheren Bildungsabschlüsse bzw. Akademiker und Studenten (38 %). Bei den Altersklassen ergeben sich keine wesentlichen Abweichungen. Die Stichprobe ist nicht repräsentativ.

3.1.5. Auswertung

Doppelte Beschreibungen sowie Erlebnisse aus der Kindheit und Jugend werden aussortiert. Die Syntax (Unvollständigkeit der Sätze, Worte und Grammatik) wird korrigiert, ergänzt bzw. verkürzt. Die Beschreibungen werden in eine aktiv-handelnde- bzw. die Person betreffende Form übertragen, da verschiedene Untersuchungen ergeben haben, dass intensive Schamgefühle dann entstehen, wenn die Person unmittelbar selber Betroffene ist.[57] Spezifische Anlässe werden verallgemeinert. Es wird die männlich/weibliche Schreibweise verwendet.

Typische Einschätzungen der Situationen werden, soweit dies den Inhalt der Beschreibungen nicht verändert, herausgenommen und in einem separatem Bewertungsbogen (s.u.) berücksichtigt. Insgesamt werden 47 Situationen ermittelt. Die Beschreibungen werden in eine zufallsbedingte Reihenfolge gebracht. Eine konstruierte Kontrollsituation wird hinzugefügt (Situation 10, s.u.).

3.1.6. Ergebnisse

Es folgen drei Auswertungsbeispiele, die auch für die restlichen Situationen maßgebend sind:

Vp-Formulierung (original)	⇒	**Ergebnis der Auswertung**
„Im Sportcenter beim Duschen. Ich schäme mich meines Körpers." (Angestellte, weiblich, Abitur, 30 Jahre)	⇒	Ich bin nackt (z.B. am Strand, beim Duschen nach dem Sport ...), alle Anderen können mich so betrachten. (Situation 47)
„Befummle am Arbeitsplatz gerade eine Mitarbeiterin, als überraschend eine Mitarbeiterin hereinkommt." (Angestellter, männlich, Abitur, 50 Jahre)	⇒	Ich „befummele" am Arbeitsplatz gerade eine(n) Kollegen/in, als überraschend ein(e) weitere(r) Mitarbeiter(in) hereinkommt. (Situation 24)

[57] Die Person soll verantwortlich sein im Sinne des Akteurs (vgl. II, 6.0.; Roos, 1988; Roos, 2000, in Mandl et al., 2000; Borg, Scherer & Staufenbiel, 1986).

„Ich bin Krankenpfleger bei der Visite schaut der Arzt in die Patientenkurve und entdeckt Rechtschreibfehler die ich gemacht habe. Die Fehler werden in der Visite angesprochen. Ich werde rot sage das ich sie gemacht habe fühle mich föllig ertapt u. schwitze wünsche mich aus dem Zimmer" (Angestellter, männlich, Realschule, 34 Jahre)	⇒	Ich habe etwas Schriftliches für meine(n) Chef(in) vorbereitet. Er/Sie entdeckt einige Rechtschreibfehler, auf die er/sie nun vor allen anderen öffentlich hinweist. (Situation 29)

Eigene Anmerkungen: Neben Erfolgswünschen und positiven Einschätzungen der Studie gab es auch eine kritische Bemerkung: Ein Mann (50 Jahre, Abitur) schrieb, dass die Fragen nach vertraulichen Ereignissen dieser Art kaum beantwortet werden würden.[58] Tatsächlich schilderte er aber selbst 7 „intime" Anlässe.

3.1.6.1. Liste der (Scham-)Anlässe

1. Um etwas zu erreichen, lüge ich und täusche Hilflosigkeit vor. Mein Gegenüber antwortet: „Keine Ursache, ich kenne doch dein ehrliches Gesicht."
2. Ich bedränge eine Person und verhalte mich gegen sie „distanzlos". Obwohl ich in aggressiver Art und Weise die Grenzen dieser Person verletzt habe, ist sie zu mir dennoch höflich und fair, ja sogar fürsorglich.
3. Mein(e) Partner(in) redet vor Verwandten oder Freunden in einer Art und Weise, die mir nicht gefällt (er/sie benimmt sich „einfach und primitiv und führt sich als Prophet(in) auf").
4. In einer Gruppe werde ich in negativer Weise auf mein „Äußeres" angesprochen (z.B. wegen Pickel im Gesicht, meiner Frisur, Körperbau ...). Die anderen lachen.

---

[58] Der Einwand ist ernst zu nehmen (vgl. I, 1.1.). In dieser Studie machte sich das Problem bezogen auf die Qualität der geschilderten Ereignisse jedoch nicht bemerkbar.

5. Ich werde wegen meiner Homosexualität in der Öffentlichkeit angesprochen.
6. Ich muss mich beim Arzt (Ärztin) ausziehen und untersuchen lassen (z.B. beim Frauenarzt oder eine rektale Untersuchung).
7. Ich befriedige mich selbst und meine(n) Partner(in) oder eine andere Person kommt plötzlich in den Raum (evtl. benutze ich dabei Vorlagen wie Hefte, Bilder, Filme, Bücher ...).
8. Ich befriedige mich selbst und bemerke plötzlich, dass ich beobachtet werde (von Nachbarn oder anderen Personen).
9. Ich überrasche eine andere Person (z.B. Partner/in, Kind, Vater, Mutter, sonstige Person), die sich gerade selbst befriedigt.
10. Ich sitze vormittags völlig ungestört im Zug (oder S-Bahn, U-Bahn). In meinem Abteil befinden sich außer mir noch andere Personen[W1]. *
11. Ich habe Geschlechtsverkehr mit meine(m/er) Partner(in) und bemerke plötzlich, dass andere uns dabei zusehen.
12. Ein(e) Freund(in) hat vertrauliche, geheime Dinge über mich an andere (z.B. Arbeitskollegen) weitergegeben. Die sprechen mich nun darauf an und machen Witze.
13. Bei einer Schulung (Seminar, Schulklasse, Weiterbildung ...) sage ich etwas Falsches und der/die Dozent(in) macht eine witzige Bemerkung dazu. Die andere lachen.
14. Ich werde bei einem Diebstahl ertappt, z.B. auf der Arbeit oder im Kaufhaus (oder auch beim „Schwarzfahren"). Die umstehenden Leute schauen mich an.
15. Der/die Therapeut(in) fragt mich nach persönlichen, intimen Dingen. Ich soll mich „outen".
16. Ich beobachte heimlich eine andere Person, während sie sich entkleidet (z.B. in der Toilette oder beim Umziehen in einer Kabine ...). Plötzlich werde ich ertappt.
17. Ich werde gelobt (z.B. von einem(r) Lehrer/in oder Chef/in). Die anderen lachen.
18. Ein(e) Mitarbeiter(in) macht vor allen Anderen eine sexuell anstößige Bemerkung bezüglich meiner Person.

19. Plötzlich wird in einer Versammlung mein Name aufgerufen, ich werde positiv erwähnt und soll etwas sagen. Mir fehlen die Worte, ich bin aufgeregt.

20. Bei der Vorführung von Urlaubsdias vor Bekannten, Freunden und/oder Verwandten zeige ich versehentlich ein Aktfoto von mir in aufreizender, eindeutiger Position.

21. Ich weine auf der Arbeit vor allen anderen.

22. Ich „lasse" mich vor anderen „gehen" und werde wütend.

23. Bei einer Tanzveranstaltung (Abschlussball) verursache ich durch meine „Ungeschicklichkeit" einen Zusammenstoß, so dass mehrere Paare zu Fall kommen.

24. Ich „befummele" am Arbeitsplatz gerade ein(e) Kolleg(en/in), als überraschend ein(e) weitere(r) Mitarbeiter(in) hereinkommt.

25. Ich sitze mit einer/em) ehemaligen/m „äußerlich unattraktiven" Arbeitskolleg(in/en) in einem Gartenlokal. Es kommt plötzlich ein(e) gute(r) Bekannte(r) vorbei und sieht mich.

26. Ich werde sexuell missbraucht bzw. vergewaltigt. Ich kann mich nicht wehren.

27. Meine Arbeitskollegen erhalten einen Anruf und übermitteln mir, dass ich mein(e/en) Partner(in) abholen soll. Er/sie ist wiederholt „völlig" betrunken.

28. Ich bin Deutsche(r) und befinde mich in einem fremden Land. Zur selben Zeit werden in Deutschland „Ausländer" drangsaliert, verfolgt, ermordet.

29. Ich habe etwas Schriftliches für meine(n) Chef(in) vorbereitet. Er/sie entdeckt einige Rechtschreibfehler, auf die er/sie nun vor allen anderen öffentlich hinweist.

30. Mein schwerhöriger Freund bekommt bei einer Urlaubssafari nicht alles mit und benimmt sich teilweise „daneben". Die anderen Leute sprechen mich daraufhin an.

31. Ich bin arbeitslos geworden, und meine Nachbarn, Bekannten, Verwandten oder Freunde erfahren das und stellen mir daraufhin Fragen.

32. Ich bekomme Besuch in meiner Wohnung, die unaufgeräumt und schmutzig ist (besonders das WC).

33. Ich habe eine niedrige Schulbildung und bin mit eine(r/m) Akademiker(in) verheiratet.

34. Betr. Männer: Ich möchte mit meine(r/m) Partner(in) schlafen und bin plötzlich impotent.**

35. Jemand sagt mir vor anderen, dass ich nicht attraktiv bin.

36. Ich muss vor anderen Personen frei reden. Alle schauen mich erwartungsvoll an und sehen, dass ich aufgeregt bin.

37. Bei einer Klausur werde ich beim Schummeln erwischt und muss den Raum verlassen.

38. Bei einem sportlichem Wettkampf (z.B. schwimmen, laufen, tanzen, turnen, rudern, segeln ...) bin ich der/die Verlierer(in).

39. Ich habe einen „dummen" Fehler bei der Arbeit gemacht und werde getadelt.

40. Bei einer mündlichen Prüfung wird meine Aufregung bemerkt.

41. Ich kann nicht rückwärts einparken und verursache einen Stau.

42. Ich verhalte mich ungeschickt, stolpere und falle hin. Andere Personen, die mich beobachteten, lachen.

43. In einem engen, dichtbesetzten Fahrstuhl lasse ich versehentlich einen Furz. Alle anderen sehen mich an.

44. Betr. Frauen: Während meiner Menstruation ist meine Hose/mein Rock von außen befleckt, so dass andere Personen dies deutlich sehen können.**

45. Betr. Frauen: Ich werde von Männern „(sexuell-)gierig" angeschaut („mit den Augen ausgezogen").**

46. Stolz, überheblich und völlig übertrieben berichte ich Freunden, Kollegen oder Verwandten von meinen Fähigkeiten und/oder Leistungen. Plötzlich werde ich von einem/r Anwesenden „entlarvt". Alle lachen.

47. Ich bin nackt (z.B. am Strand, beim Duschen nach dem Sport ...), alle anderen können mich so betrachten.

48. Meine geheimen, sexuellen Neigungen/Orientierungen/Wünsche oder Phantasien werden zufällig anderen bekannt (z. B. Arbeitskollegen, Familienangehörigen, Verwandten, Bekannten).

* Situation 10: Ich sitze vormittags, völlig ungestört im Zug (oder S-Bahn, U-Bahn). In meinem Abteil befinden sich außer mir noch andere Personen, wird zusätzlich konstruiert. Bei diesem Item, das zur Kontrolle der folgenden Imaginationsexperimente verwendet wird, handelt es sich um ein neutrales Ereignis, bei dem davon ausgegangen wird, dass es keinerlei Anlass zu Schamreaktionen bietet (Expertenschätzung).

** Die Situationen Nr. 44 und 45 betreffen speziell Frauen, die Beschreibung Nr. 34 betrifft ausschließlich Männer.

3.1.6.2. Zusammenfassung

Die Ermittlung von Schamerlebnissen in diesem ersten Teil der Arbeit erbrachte eine Vielfalt von typischen Anlässen zur Schamreaktion in unterschiedlichen Lebensbereichen, die den zu Grunde gelegten Literaturangaben entsprechen (vgl. II, 6.3.4.). Für den zweiten Teil der Studie können 47 ermittelte Situationen und zusätzlich eine konstruierte Kontrollsituation verwendet werden. Die anonyme Ermittlung dieser intimen, sublimen, gefühlsbetonten Schamgefühlsregungen in schriftlicher Form hat sich für diesen Teil der Untersuchung bewährt.

3.2. Untersuchung von Schamgefühlsreaktionen und Situationstypen

Folgende eingangs dargestellte Hypothesen (1, 2 und 3) stehen im Mittelpunkt der zweiten Untersuchung:

- Schamgefühlsreaktionen können durch typische, situationsbedingte Anlässe ausgelöst werden.
- Diese möglichen, situativen Anlässe lassen sich klassifizieren und durch hypothetisch festgelegte Faktoren (Dimensionen) darstellen.
- Mit Hilfe der ermittelten Faktoren können unterschiedliche Schamreaktionstypen beschrieben werden.

Anfangs wird ein Bewertungsbogen entwickelt, der es ermöglicht, die ermittelten (Scham-)Anlässe (s.o.) in einem Experiment einschätzen zu lassen. Mit Hilfe von faktorenanalytischen Verfahren werden Schamdimensionen/Schamreaktionstypen ermittelt. Im Anschluss daran wird aus dem Material ein reduziertes Erhebungsinstrument (SFB) für den dritten Teil der Studie ausgearbeitet.

3.2.1. Methodik

21 Psychologiestudentinnen und -studenten der Universität Hamburg nehmen an einem Experiment teil. Neben dem Anschreiben mit der Anleitung (s. Anhang) bekommen sie die Liste mit den 48 (Scham-)Ereignissen (s.o.) und einen Bewertungsbogen (s.u.) zur Einschätzung vorgelegt. Die Vpn werden aufgefordert, sich in einem Experiment das jeweilige Ereignis vorzustellen (Reiz durch Induktion), um im Anschluss daran die Bewertungen (Reaktion) vorzunehmen (genaue Instruktion s. Anhang).

Vorher werden die Items für die Einschätzungen erstellt.

Entwicklung der Einschätzungsmerkmale: Die Items für den Bewertungsbogen werden wie folgt entwickelt: Für die Situationen werden Merkmalskategorien gebildet, die sich an den Angaben der ersten Untersuchung (s.o.) und an den in der Literatur beschriebenen Schamgefühlsreaktionen orientieren (s. II., 2.1. u. 6.0.). Es werden sieben Kategorien: Intensität, Häufigkeit, Dauer, Körperliche Empfindungen, Bewertungen/Sichtweisen/ Schlussfolgerungen, Stimmung/Gefühlsreaktion und Verhaltensreaktionen (s. auch III., 3.3.2.) mit insgesamt 53 inhaltsvaliden Items geschaffen. Die geschlossene Frageform wird gewählt. Der Schwerpunkt der Aussagen in der Kategorie: Bewertungen/Sichtweisen/Schlussfolgerungen werden formal als external-globale (9 Items) und internal-globale (14 Items) Attribuierungen dargestellt, da diese Art von Einschätzungen häufig den Attributionsstilen „sich schämender" Individuen entspricht. So geben Probanden mit der Emotionslage Scham häufiger internal-globale als internale, spezifische Ursachen an, was einer selbstwertbelastenden Attribuierung für ein „negatives" soziales Ereignis gleichkommt. Auch external-globale Attribuierung in Verbindung mit internal-globalen Attribuierungen haben häufig selbstwertbelastende Kognitionen zur Folge (A. Ellis, 1996; Beck et al., 1996; M. Lewis, 1995; Weiner, 1986/1995; Vietmeier, 1996; s. auch II, 6.5.1.).

Beispiel (Item-Kategorie: Bewertungen/Sichtweisen/Schlussfolgerungen):

a) Spezifische Attribuierung:

„Eine Person verhält sich mir gegenüber aggressiv. Möglicherweise hat die Person sich über mich oder etwas anderes geärgert." (externale, spezifische Attribuierung, nicht selbstwertbelastend). „Mein Verhalten in dieser Situation war nicht angemessen" (internale, spezifische, nicht selbstwertbelastende Attribuierung).

b) Globale Attribuierung:

„Die/der andere/n sind respektlos, die/der andere/n verachte(t/n) mich." (external-globale, selbstwertbelastende Attribuierung) Schlussfolgerung: Ich bin wertlos, ich bin lächerlich, würdelos, ich möchte am liebsten im Boden versinken ..." (internale, globale, selbstwertbelastende Attribuierung). Nach A. Ellis (1996) entsprechen diese Kognitionen den zum Schamgefühl gehörenden „irrationale/n oder selbsterniedrigende/n Element/en" (s. auch II., 6.5.1.).

Die weiteren Kategorien *Intensität, Häufigkeit des Vorkommens* und *Dauer der Belastung* werden mit je einem Item, *Körperliche Empfindungen* mit 13, *Stimmung/Gefühlsreaktion* mit 6 und *Verhaltensreaktionen* mit insgesamt 8 Items ermittelt[59] (genaue Beschreibung s. III., 3.3.2.).

So wie am nachfolgenden Beispiel des Krankenpflegers werden die Reaktionen, Bewertungen und Einschätzungen aus den Situationen herausgenommen und entsprechend der oben beschriebenen Methode modifiziert:

„Ich bin Krankenpfleger bei der Visite schaut der Arzt in die Patientenkurve und entdeckt Rechtschreibfehler, die ich gemacht habe. Die Fehler werden in der Visite angesprochen. *Ich werde rot, sage, dass ich sie gemacht habe, fühle mich völlig ertappt u. schwitze, wünsche mich aus dem Zimmer"*	⇒	• Mein Gesicht wird rot. • Ich bekenne mich zu meinem Verhalten/Körper/(Sonstiges). • Ich bin bloßgestellt. • Ich empfinde starke Hitze (Schweißausbruch). • Ich möchte am liebsten im Boden versinken.

Die Beantwortung der Items erfolgen mittels Rating-Skalen. Dazu werden geradzahlige Antwortratings eingesetzt, um tendenziell Urteile zu erzielen, die in *eine* Richtung weisen (vgl. Bortz 1984, S.123). Für die Kategorien *Häufigkeit und Be-*

[59] Auch die Items der Kategorien körperliche Empfindungen, Stimmungs-/Gefühlsreaktionen und Verhaltensreaktionen werden entsprechend den typischen, in der Literatur beschriebenen Darstellungen ausgewählt. Dabei werden auch die Befunde der ermittelten Schamerlebnisse aus der ersten Untersuchung berücksichtigt.

lastung werden 4-stufige, für alle anderen Fragen 10-stufige Skalenwerte verwendet. Um „Halo-Effekten“ entgegen zu wirken, werden die Bewertungen spaltenweise angeordnet (s. Tab. 1 u.).

Die anschließende Auswertung der Daten wird nach der dreimodalen Faktorenanalyse durchgeführt (Cattell, 1966 u. 1984; Krolak-Schwerdt 1991). Mit der Prozedur Reliability wird die Itemanalyse durchgeführt. Jeder Faktor wird dabei als Einzeltest betrachtet. Als Methode wird die Berechnung der internen Konsistenz (Cronbach's Alpha) verwendet.

Die statistische Datenanalyse erfolgt mit Hilfe von SPSS für Windows 9.0 (Brosius & Brosius, 1995).

3.2.2. Beschreibung des Erhebungsinventars

Tabelle 1 zeigt die 7 Merkmalskategorien, die Struktur der Items und den dazugehörenden Skalen für die Evaluation der 48 Bewertungsobjekte ([Scham-]Anlässe, s. III, 3.1.6.1.).

Tabelle 1: Kategorien, Items, Skala der Bewertungen

Kategogie (Einschätzungen)	**Item(s)**	**Skala**
Intensität	1 offene Frage zur Belastung des Schamerlebnisses.	Ratingskala , begrenzt von 1 bis 10; 1 = überhaupt nicht belastend/unangenehm, 10 = extrem stark belastend/unangenehm. Die Werte entsprechen einer positiven Merkmalsausprägung.
Häufigkeit	1 geschlossene Frage zur Häufigkeit dieser oder einer ähnlichen, erlebten Situation.	4 stufige Ordinalskala (vgl. Rohrmann 1978); 1 = immer wieder; 2 = oft; 3 = manchmal; 4 = nie. Die Werte entsprechen einer negativen Merkmalsausprägung.
Dauer	1 geschlossene Frage zur Zeitdauer der Belastung.	4 stufige Ordinalskala (ebd.); 1 = Sekunden; 2 = Minuten; 3 = Stunden; 4 = ständige gedankliche Wiederholung. Die Werte entsprechen einer positiven Merkmalsausprägung.

Körperliche Empfindungen	13 geschlossene Fragen zu physiologischen Reaktionen in der jeweiligen Situation.	Ratingskala, begrenzt von 1 bis 10; 1 = trifft überhaupt nicht zu und 10 = trifft extrem stark zu. Die Werte entsprechen einer positiven Merkmalsausprägung. Reliabilität (alpha): ,9632 *
Bewertungen/ Sichtweisen/ Schlussfolgerungen	23 geschlossene Fragen zu Sichtweisen, Bedeutungen und Bewertungen in der jeweiligen Situation.	Ratingskala, begrenzt von 1 bis 10; 1 = trifft überhaupt nicht zu und 10 = tritt extrem stark zu. Die Werte entsprechen einer positiven Merkmalsausprägung. Reliabilität (alpha): ,9316 *
Stimmung/ Gefühlsreaktion	6 geschlossene Fragen zu weiteren Gefühlsreaktionen in der jeweiligen Situation.	Ratingskala, begrenzt von 1 bis 10; 1 = trifft überhaupt nicht zu und 10 = tritt extrem stark zu. Die Werte 1-10 entsprechen einer positiven Merkmalsausprägung. Reliabilität (alpha): ,8721 *
Verhaltensreaktionen	8 geschlossene Fragen zu den Verhaltensreaktionen in der jeweiligen Situation.	Ratingskala, begrenzt von 1 bis 10; 1 = trifft überhaupt nicht zu und 10 = tritt extrem stark zu. Die Werte entsprechen einer positiven Merkmalsausprägung. Reliabilität (alpha): ,7212 *

*Die Reliabilitätsangaben entsprechen Cronbach's Alpha

3.2.2.1. Die Items

Folgende Anweisung zur Einschätzung der jeweiligen Situation wird gegeben:

Intensität: Wie belastend/unangenehm ist die Situation für Sie?

Werte 1–10: 1 = überhaupt nicht unangenehm; 10 = extrem stark belastend/unangenehm

Häufigkeit: Häufigkeit der Situation (für Sie)?

Werte: 1 = immer wieder; 2 = oft; 3 = manchmal; 4 = nie

Dauer: Dauer der Belastung

1 = Sekunden; 2 = Minuten; 3 = Stunden; 4 = ständige gedankliche Wiederholung

Körperliche Empfindungen: Werte 1–10: Geben Sie bitte eine Zahl zwischen 1 und 10 an. 1 = trifft überhaupt nicht zu, 10 = trifft extrem stark zu.

- Mein Gesicht ist rot.

- Meine Ohren sind heiß.
- Ich empfinde starke Hitze (Schweißausbruch).
- Ich empfinde starke Hitze und Kälte gleichzeitig.
- Mein Mund ist trocken.
- Ich habe eine Gänsehaut.
- Ich zittere.
- Mein Herz rast (Schläfen pochen).
- Mir wird schwarz (schwindlig) vor den Augen.
- Ich verspüre Atemnot.
- Ich spüre Übelkeit im Magen.
- Ich höre nichts mehr.
- Ich erstarre, verkrampfe mich.

Bewertungen/Sichtweisen/Schlussfolgerungen: (Werte 1–10)

- Ich bin hilflos.
- Ich bin machtlos ausgeliefert.
- Ich bin würdelos.
- Ich bin wertlos, erniedrigt.
- Ich bin lächerlich.
- Ich bin bloßgestellt.
- Ich bin nicht liebenswert.
- Ich kann nicht klar denken.
- Ich verachte mich.
- Ich bin taktlos.
- Ich bin respektlos.
- Die/der andere(n) ist/sind hilflos.
- Die/der andere(n) ist/sind wertlos, erniedrigt.
- Die/der andere(n) ist/sind taktlos.

- Die/der andere(n) verachten mich.
- Die/der andere(n) ist/sind respektlos.
- Die/der andere(n) ist/sind mächtig.
- Die/der andere(n) ist/sind lieblos.
- Ich möchte am liebsten im Boden versinken.
- Ich bin anderen gegenüber zu ehrlich/offen.
- Ich bin anderen gegenüber zu verschlossen.
- Ich sollte mir mehr selbst vertrauen.
- Ich sollte das Vertrauen des/der anderen nicht missbrauchen.

Stimmung/Gefühlsreaktion: (Werte 1–10)

- Ich empfinde Wut/Zorn/Ärger oder Hass auf mich.
- Ich empfinde Trauer, Niedergeschlagenheit.
- Ich empfinde Ekel über mich.
- Ich empfinde Wut/Zorn/Ärger oder Hass auf die anderen.
- Ich empfinde Ekel über die anderen.
- Ich empfinde Rachegelüste gegen die andere(n).

Verhaltensreaktionen: (Werte 1–10)

- Ich wende den Blick ab von den anderen.
- Ich mache mich klein, ziehe die Schultern hoch.
- Ich versuche mich zu entfernen.
- Ich lache.
- Ich mache eine witzige Bemerkung oder singe.
- Ich bekenne mich zu meinem Verhalten/Körper/(sonstiges).
- Ich versuche die Sache in Ordnung zu bringen.
- Ich tu so, als ob nichts passiert wäre.

Eigene Anmerkungen zur Untersuchung:

An dieser Stelle haben die Vpn die Möglichkeit zur eigenen Stellungsnahme.

3.2.3. Die Stichprobe

Die Vpn werden rekrutiert durch einen Aushang im Institut III der Universität Hamburg (s. Anhang). Sie werden aufgefordert, falls sie an dem Experiment teilnehmen möchten, ihren Namen, ihre Telefonnummer und ihre Adresse in eine Liste einzutragen. Der Versuchsleiter nimmt telefonischen Kontakt mit der Vp auf, erklärt den Versuchsablauf und sendet ihr den Fragebogen mit dem Anschreiben, der Instruktion und einem adressierten, frankierten Rückumschlag zu. Für die korrekte Bearbeitung und Rücksendung erhält die Versuchsperson 5 Vp-Stunden bescheinigt.[60]

Die Vpn werden in einem beigefügten Anschreiben, in dem auch der Untersuchungszweck beschrieben wird, instruiert, sich die jeweilige Situation durchzulesen, vorzustellen und anschließend die Beantwortungen vorzunehmen. Nach einer Frist von 3 Wochen werden säumige Vpn telefonisch erinnert, den Bogen auszufüllen und zurückzusenden (s. Anhang).

Daten	**Charakteristik**	**%**
Verteilung	25 Bögen	
Rücklauf	22 Bögen	
Eingang	April – Mai 1998	
Anzahl	21 Fragebögen auswertbar	100,0
Altersangaben (in Jahren)	20–29: 12 Personen 30–39: 7 Personen 40–49: 2 Personen	57,1 33,4 9,5
Berufsgruppe	Psychologiestudenten u. -studentinnnen (Vpn)	100,0
Geschlechtsangabe	15 Frauen 6 Männer	71,4 28,6
Bildung	Abitur	100,0
Kultur	21 deutsch	100,0
Familienstand	5 verheiratet 16 ledig	20,8 79,2

[60] Psychologiestudenten und -studentinnen an der Universität Hamburg müssen mindestens 20 Versuchspersonenstunden ableisten (Prüfungsordnung der Universität Hamburg).

3.2.4. *Repräsentativität*

Bei den erhobenen Merkmalen der Klumpenstichprobe von Psychologiestudenten und -studentinnen im Grundstudium sind mit Ausnahme der Kategorien kulturelle Herkunft und Bildung keine nennenswerten Abweichungen festzustellen.

3.2.5. *Auswertung*

Es ergibt sich eine dreidimensionale Anordnung mit 50085 Daten: 21 Vpn x 45 Beurteilungsobjekte[61] (Anlässe) x 53 Merkmale (Items).

Mit Hilfe des Additivmodells der dreimodalen Faktorenanalyse (vgl. Cattell, 1966 u. 1984; Krolak-Schwerdt, 1991) wird der dreidimensionale Datensatz analysiert.

Die Methode ermöglicht die Anwendung der zweimodalen Faktorenanalyse auf die Ausschnitte aus dem „Datenquader", die jeweils zwei Modi umfassen, während der Mittelwert über den dritten Modus gebildet wird. Für die vorliegende Studie bedeutet dies Folgendes:

Um die Dimensionen der (Scham-)Situation mit den entsprechenden Reaktionen zu analysieren, werden die Werte der 21 Tabellen mit den jeweils 2385 Einschätzungen pro Vpn addiert (Mittelwertbildung), so dass der Ausschnitt aus dem Datenquader mit der Datenmatrix (45 Situationen x 53 Merkmale) einer Faktorenanalyse unterzogen werden kann. Es wird die Methode der Hauptkomponentenanalyse mit anschließender Varimaxrotation angewendet.

3.2.6. *Ergebnisse*

3.2.6.1. Dreimodale Faktorenanalyse der situationsbedingten Anlässe

Bestimmung der Faktorenzahl: Die Extraktion nach dem Kaiserkriterium sieht vor, maximal diejenigen Faktoren zu bestimmen, die einen Eigenwert > 1 aufweisen (vgl. Pawlik, 1987). Danach stehen 8 Faktoren zur Auswahl. Entsprechend der Scree-Test-Methode (s. Abb. 1) ergibt sich eine 4-Faktorenlösung. Es werden 4 Faktoren extrahiert.

---

[61] Ohne geschlechtsspezifische Beurteilungsobjekte (s.o.)

Tabelle 2: Eigenwerte und Varianzbeschreibung (unrotiert)

Factor	Eigenvalue	Pct of Var	Cum Pct
1	24,27957	50,6	50,6
2	6,05479	12,6	63,2
3	3,39934	7,1	70,3
4	2,88435	6,0	76,3
5	1,94966	4,1	80,3
6	1,63139	3,4	83,7
7	1,50467	3,1	86,9
8	1,05779	2,2	89,1

Abbildung 1: Eigenwerte der Faktoren

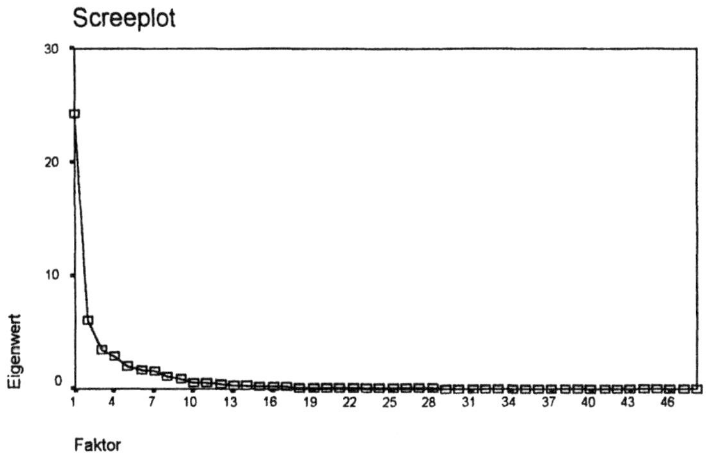

Erläuterung und Begründung der 4-Faktorenlösung:

- Die vierdimensionale Lösung ist inhaltlich gut interpretierbar.
- Der Scree-Test wurde angewendet (s.o.).
- Die durch die 4 Faktoren erklärte Varianz von 76,3 % ist hinreichend (s. Tab.2).

Tabelle 3: Darstellung der varimaxrotierten 4-Faktorenlösung (converged in 6 iterations, n = 53)

Situation[62]	Factor 1	Factor 2	Factor 3	Factor 4
SIT18	**,94765**	,18408	-,08399	-,01868
SIT4	**,93465**	,17964	-,00915	-,01085
SIT35	**,93453**	,16198	-,07510	,09212
SIT12	**,92169**	,20617	,00442	-,16932
SIT5	**,89174**	,12375	-,08349	,31579
SIT17	**,88129**	,19482	-,07965	,32599
SIT29	**,87203**	,29198	,13107	,07238
SIT8	**,79736**	,40117	,23020	-,04066
SIT13	**,78828**	,50093	,11468	,14568
SIT42	**,78717**	,29129	,20506	,29333
SIT11	**,77074**	,27442	,18771	,19474
SIT31	**,74897**	,30544	,24581	,22985
SIT3	**,73223**	,08762	,34840	,23976
SIT39	**,59728**	,53463	,41672	-,00824
SIT26	**,58808**	,20502	-,24587	-,50623
SIT27	**,57513**	,47169	,38089	,02297
SIT46	**,54579**	,49160	,50704	-,05549
SIT30	,45158	,16544	,25288	,25598
SIT33	,39324	,39299	,28640	,33135
SIT40	,15273	**,92300**	,07492	,09151
SIT36	,07937	**,89736**	-,01139	,22454
SIT19	,11491	**,85961**	-,01555	,25473
SIT15	,42045	**,78334**	,08564	,17075
SIT20	,19291	**,71774**	,39954	,32287
SIT7	,43565	**,70771**	,40598	-,08177

[62] Die in den Faktoren jeweils höchstladenden Variablen-Ladungen (> .50) sind durch Fettdruck hervorgehoben.

SIT6	,35560	**,69275**	,10769	,33475
SIT48	,59570	**,63438**	,33969	-,11128
SIT14	,47016	**,62518**	,43054	-,30695
SIT43	,41478	**,61833**	,47263	,09549
SIT41	,53676	**,61315**	,37222	,02712
SIT37	,41643	**,58451**	,50009	-,12704
SIT32	,26129	**,56701**	,46070	,21342
SIT21	,27840	**,52756**	,31990	,02022
SIT38	,37752	**,52706**	,22294	,47010
SIT2	-,11859	,01489	**,91134**	,00287
SIT16	,14511	,23131	**,82326**	,20251
SIT1	,13931	,31573	**,70795**	,40264
SIT24	,29030	,39469	**,69035**	,30443
SIT22	,09163	,09231	**,56149**	-,09163
SIT9	-,02138	,03011	**,55131**	,54625
SIT23	-,17729	,06313	**,52912**	,11106
SIT28	,40653	,37424	,42820	-,14071
SIT10	,10888	,11052	-,11927	**,86921**
SIT25	,22217	,31582	,30675	**,77764**
SIT47	,36330	,44228	,13896	**,69308**

3.2.6.2. Interpretation der Faktoren und die Bestimmung der Schamreaktionstypen

Tabelle 3 zeigt die Ergebnisse. Bedeutsame Faktorladungen sind schraffiert dargestellt. Die Markiervariablen werden als Bewertungsobjekte für den SFB verwendet.

Faktor 1:

Markiervariablen:

- „In einer Gruppe werde ich in negativer Weise auf mein „Äußeres“ angesprochen (z.B. wegen Pickel im Gesicht, meiner Frisur, Körperbau ...). Die anderen lachen.“ (Sit 4, Ladung: ,94765, Kommunalität: ,940)

- „Ein(e) Mitarbeiter(in) macht vor allen anderen eine sexuell anstößige Bemerkung bezüglich meiner Person.“ (Sit 18, Ladung: ,93465, Kommunalität: ,972)

Beschreibung:

Der erste Faktor repräsentiert im wesentlichen die Schamdimension Opfer. Das Subjekt sieht seine persönlichen Grenzen verletzt und empfindet sich als *Opfer, hilflos und ausgeliefert*, weil eine oder mehrere Personen öffentlich und sichtbar für andere Macht über das Individuum ausüben. Es ist ihr/ihm peinlich, so „ohnmächtig und klein“ gesehen zu werden.

Faktor 2:

Markiervariablen:

- „Bei einer mündlichen Prüfung wird meine Aufregung bemerkt.“ (Sit 40, Ladung: ,92300, Kommunalität: ,924)
- „Ich muss vor anderen Personen frei reden. Alle schauen mich erwartungsvoll an und sehen, dass ich aufgeregt bin.“ (Sit 36, Ladung: ,89736, Kommunalität: ,925)

Beschreibung:

Der zweite Faktor umfasst vor allem die Dimension der Unsicherheitsscham. Persönlich-körperlich-Intimes des Subjekts wird öffentlich und sichtbar für andere. Das Individuum sieht sich als *Unsichere(r), erregt, schwach, versagend, unkontrolliert, nicht potent und inkompetent.* Es ist ihm/ihr peinlich, so „ohnmächtig und schwach“ gesehen zu werden.

Faktor 3:

Markiervariablen:

- „Ich bedränge eine Person und verhalte mich gegen sie „distanzlos“. Obwohl ich in aggressiver Art und Weise die Grenzen dieser Person verletzt habe, ist sie zu mir dennoch höflich und fair, ja sogar führsorglich.“ (Sit 2, Ladung: ,91134, Kommunalität: ,914)
- „Ich beobachte heimlich eine andere Person, während sie sich entkleidet (z.B. in der Toilette oder beim umziehen in einer Kabine ...), plötzlich werde ich ertappt.“ (Sit. 16, Ladung: ,82326, Kommunalität: ,932)

Beschreibung:

Der dritte Faktor verkörpert die Dimension „Täterscham". Heimliche, grenzüberschreitende Handlungen werden öffentlich und sichtbar für andere. Die Person sieht sich als *Täter(in), grenzüberschreitend, schuldig, hinterhältig machtausübend gegenüber andern.* Die Person handelt intentional und verantwortlich. Es ist ihm/ihr peinlich, so „ohnmächtig und unehrenhaft" gesehen zu werden.

Faktor 4:

Markiervariable:

- „Ich sitze vormittags, völlig ungestört im Zug (oder S-Bahn, U-Bahn). In meinem Abteil befinden sich außer mir noch andere Personen." (Sit 10, Ladung: ,86921, Kommunalität: ,892).

Beschreibung:

Die Dimension im Faktor 4 umfasst Ereignisse, die keine relevanten Schamgefühlsregung auslösen. Die konstruierte Situation 10 repräsentiert die Markiervariable und trägt in den Faktoren 1, 2 und 3 eine erwartungsgemäß niedrige Ladung zwischen -,11 und ,11 (s.o.).

Strukturelle Gemeinsamkeiten der Dimensionen 1–3:

Die drei Typen von Anlässen werden durch ein plötzlich eintretendes Ereignis ausgelöst. Die Person befindet sich in einem aktuellem Zustand der Ohnmächtigkeit und Hilflosigkeit. Dieser Zustand ist öffentlich.

Die geschlechtsspezifischen Variablen (Situationen 34, 44 und 45) wurden herausgenommen, da sie nur für einen Teil der Stichprobe relevant sind.

Beschreibung der geschlechtsspezifischen Faktoren:

Erwartungsgemäß zeigen die beiden Variablen Sit 34 und Sit 45 geschlechterabhängig hohe Ladungen:

1. Sit 34 Männer: „Ich möchte mit meine(r/m) Partner(in) schlafen und bin plötzlich impotent." lädt im Faktor 2 Unsicherheitsscham mit .85854.
2. Sit 45 Frauen: „Ich werde von Männern ‚(sexuell-)gierig' angeschaut, ‚mit den Augen ausgezogen'." lädt im Faktor 1 („Opfer", s.u.) mit ,89284

Sit 44: Betr. Frauen: *„Während meiner Menstruation ist meine Hose/mein Rock von außen befleckt, so dass andere Personen dies deutlich sehen können."* kann nicht eindeutig zugeordnet werden (Ladungen > .40 in den Faktoren 1, 2 und 3, höchste Ladung in Faktor 3: "Täterin" s.u.).

3.2.6.3. Die Bewertungsmerkmale

Um die entsprechenden Bewertungsmerkmale für die o.g. Variablen des SFB herauszufinden und zu reduzieren, wird eine weitere Hauptkomponenten-Faktorenanalyse mit anschließender Varimaxrotation über die Merkmalsobjekte durchgeführt. Dazu wird die zweimodale Faktorenmatrix (s.o.) gestürzt. Das bedeutet, dass die 53 Merkmale in Zeilen und die 48 Situationen in Spalten angeordnet werden. Da bei der Faktorenanalyse die Zahl der Beurteilungsobjekte (hier 53) mindestens der Anzahl der Merkmale (hier 48) entsprechen sollte (vgl. Pawlik, 1987), wird die Analyse lediglich zur Entwicklung der Bewertungsskalen des SFB mitberücksichtigt werden.

Faktorenanalyse der Bewertungsmerkmale:

Bestimmung der Faktorenzahl: Auch bei dieser Extraktion wurde das Kaiserkriterium berücksichtigt, das vorsieht, nur diejenigen Faktoren zu berücksichtigen, die einen Eigenwert > 1 aufweisen (vgl. Pawlik, 1987). Danach stehen 8 Faktoren zur Auswahl. Entsprechend der Scree-Test Methode (s. Abb. 2) ergibt sich eine 6-Faktorenlösung. Es werden 5 Faktoren extrahiert (s. Erläuterung unten).

Tabelle 4: Eigenwerte und Varianzbeschreibung (unrotiert)

Factor	Eigenvalue	Pct of Var	Cum Pct
1	25,97252	49,0	49,0
2	6,70761	12,7	61,7
3	4,07376	7,7	69,3
4	3,73358	7,0	76,4
5	2,37327	4,5	80,9
6	2,10580	4,0	84,8
7	1,31723	2,5	87,3
8	1,04273	2,0	89,3

Abbildung 2: Eigenwerte der Faktoren

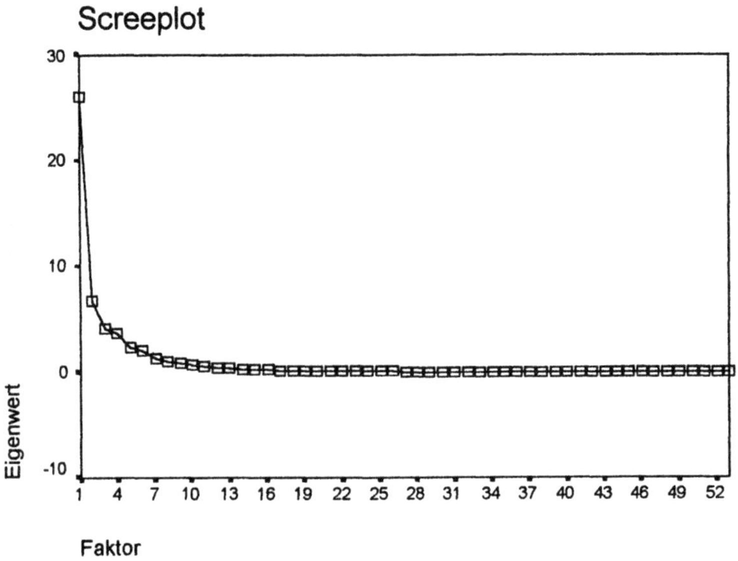

Erläuterung und Begründung der 5-Faktorenlösung:

- Die 5-dimensionale Lösung ist inhaltlich gut interpretierbar.
- Die durch die 5 Faktoren erklärte Varianz von 80,9 % ist hinreichend (s. Tab.4).
- Die Faktoren besitzen Eigenwerte > 1.

Beschreibung der Faktoren: Faktor 1 repräsentiert vor allem die Dimension der *physiologischen Reaktionen*, verbunden mit Ohnmächtigkeits- und Hilflosigkeitsgedanken (s. Tab. 5). Die Dauer der Belastung hat eher wenig Gewicht (Ladung: ,38995), die Intensität (Ladung: ,52788) dagegen hat mehr Bedeutung. Die Häufigkeit bei (Scham-)Situationen mit diesen Beschreibungen hat wenig Einfluss auf diesen Faktor (Faktorladung: ,28903).

Der 2. Faktor umfasst die Dimension der selbstwertbelastenden Attribuierung, verbunden mit Hitzeanwallungen, dem Wunsch des Ungeschehenmachens und unsichtbar zu sein. Intensität und Dauer der Belastung tragen in diesem Faktor die höchsten Ladungen (s. Tab. 5). Das Merkmal Häufigkeit trägt in diesem Faktor ebenfalls den höchsten Wert (,49255).

Tabelle 5: Darstellung der varimaxrotierten 5-Faktorenlösung (converged in 10 iterations, n = 48) [63]

Merkmalobjekte	Faktor 2	Faktor 1	Faktor 3	Faktor 4	Faktor 5
ZITTERN	,17896	,91710	,08653	-,02673	-,08434
MU.TROCK	,23806	,89341	,07497	-,10634	,02326
AUGE.SCH	,12655	,89022	,29393	,03773	-,11356
HEISS.KA	,27626	,88600	,18796	-,03900	,04542
ATEMNOT	,10555	,88279	,31328	,03994	-,07089
HOER.NIX	,10858	,85600	,36878	,04631	-,15254
MAGEN.DA	,26994	,84098	,37975	,05966	-,06685
GAENSEHA	,15801	,82856	,32998	,14041	-,25306
HERZRAST	,39497	,79998	,10106	,05695	,32115
KONTRO.V	,29355	,77698	,31731	,09081	,02159
ERSTAR.V	,39005	,66537	,40316	,08070	,25262
SCHWEISS	,58820	,65056	,12718	-,09034	,35464
I.MACHTL	,50661	,60178	,52145	-,04892	-,02618
I.HILFLO	,47569	,59657	,48812	-,08555	,06618
WUT.A.M	,88003	,20026	-,01592	,23873	,03384
I.VERACH	,83711	,21371	,10799	,35236	-,00782
I.BLOSSG	**,78131**	,29365	,34152	-,01826	,28446
I.LAECHE	**,77457**	,18840	,32936	-,03606	,38264
I.WUERDE	**,73076**	,37434	,40266	,19208	,04919
I.N.LIEB	,70913	,21516	,43041	,26300	-,08302
I.BODEN	**,70076**	,45979	,29359	,12305	,34267
DAUER	,64124	,38995	,48178	,19856	,04493
I.WERTLO	**,61751**	,44742	,56964	,02068	,01102
INTENSIT	**,61123**	,52788	,37488	,19986	,20744

[63] Fettdruck: Variable, die für den SFB verwendet werden

G.ROT	**,60678**	,44624	,08783	-,07188	,55550
I.KLEIN	,59578	,52390	,31559	,13280	,22500
O.HEISS	**,59475**	,56486	,18240	-,04799	,40943
IN.ORD.B	,54786	,04445	-,36067	,29206	,03456
EKEL.A.M	,52470	,46218	,22887	,45665	-,09005
HAEUFIGK	,49255	,28903	,29180	,33937	,28672
BEKENNEN	,48334	,37377	-,34296	,19137	,24954
I.ZU.ZU	,36603	,16381	,33571	,22056	,02440
A.RESP.L	,10374	,23763	**,91419**	-,10994	,17447
RACHEGEL	,15631	,30742	,89723	-,00933	,04116
A.TAKTLO	,03530	,13960	**,89664**	-,08764	,26902
A.N.LIEB	,15823	,29963	,89079	-,15947	,04586
WUT.A.A	,22768	,28026	,87481	,02985	,04348
EKEL.A.A	-,06053	,50407	,77114	,16614	-,03730
A.VERA.M	,61431	,26435	,61772	,09516	,10602
NIEDERGE	,45464	,32684	**,58990**	,02342	-,31652
A.MAECHT	,43168	,53647	,58215	-,25091	,04621
I.ZU.OFF	,24812	,15165	,46999	-,02536	-,12438
A.WERTLO	,01203	,15367	,10234	,90758	,09736
I.TAKTLO	,26198	-,06413	-,10933	**,86675**	,05349
I.RESP.L	,29819	-,08388	-,11508	**,86563**	-,05176
A.HILFLO	,03976	-,00436	-,12780	,82870	,21937
V.N.MISS	,47374	-,12669	-,03808	,67310	-,22885
ENTFERNE	,24869	,37734	,48431	,50482	,18382
BLICK.WE	,38008	,35639	,32651	,49317	,29893
I.S.M.SV	,16884	,11182	,30815	-,38897	,28287
LACHEN	,23000	-,10597	-,01165	,01302	,84152
WITZ.BEM	,23760	-,11904	-,02749	,02864	,80822
NIX.PASS	-,17502	-,12707	,23548	,35148	,66397

Faktor 3 umfasst Variablen der eigenen Niederlage, der eigenen Machtlosigkeit sowie Respektlosigkeit/Verachtung durch die Anderen als auch Wut und Rachegelüste gegen diese hoch (s. Tab. 5). Ist die Intensität der Belastung bei Anlässen dieser Merkmalsausprägungen eher gering (Faktorladung: ,37488), so trägt die *Dauer* mit ,48178 die zweithöchste Ladung in diesem Faktor. Die Faktorladung ,29180 der Variable Häufigkeit ist für typische Situationen mit diesen Merkmalsausprägungen eher unbedeutend.

Faktor 4 wird durch Gedanken der eigenen Respekt- und Taktlosigkeit, begleitet von dem Wunsch sich zu entfernen, beschrieben. Die Variablen Intensität, Häufigkeit und Dauer tragen unbedeutende Faktorladungen (s. Tab. 5).

Im Faktor 5 tragen die Variablen der hypothetischen Handlungsreaktionen wie Lachen, witzige Bemerkung machen und so tun als ob nichts passiert wäre, hohe Ladungen. Die Variable Intensität lädt auf diesem Faktor erwartungsgemäß niedrig (,20744). Die Dauer der Schambelastung trägt nahezu eine 0-Ladung (,04493). Die Häufigkeit trägt in diesem Faktor die niedrigste positive Ladung (,28672).

Dieser Faktor gibt einen Hinweis darauf, dass es sich um die Bewertungen peinlicher Situationen und weniger um Anlässe für Schamerlebnisse handelt (s.o.).

Eigene Anmerkungen zur Untersuchung: Sieben Frauen und eine männliche Vp machen Angaben zu den eigenen Anmerkungen der Untersuchung. Neben Bemerkungen, dass es sehr anstrengend war, die Einschätzungen vorzunehmen (3 Rückmeldungen), wird 4 Mal nach der Richtigkeit bzw. Vollständigkeit der Kontrollvariable 10 *„Ich sitze vormittags, völlig ungestört im Zug (oder S-Bahn, U-Bahn). In meinem Abteil befinden sich außer mir noch andere Personen“* gefragt. Außerdem werden folgende Punkte genannt:

Vpn	**Anmerkung**
2 Vpn, weibl.	Unangenehme Situationen, besonders Item 26.
1 Vpn, männl.	Bei einigen Situationen reagierte ich nur kurz mit Scham und dann mit Wut.
1 Vpn, weibl.	Finde es ungünstig, den Partner und andere Personen gleichzustellen.
1 Vpn, weibl.	Bin „ehrlich, offen“ bzw. „verschlossen“, war mir nicht immer klar.
1 Vpn, weibl.	Finde einige Situationen schwer vorstellbar.

Alle Vpn erhielten telefonische oder schriftliche Erläuterungen zu ihren o.a. Anmerkungen.

3.2.6.3.1. Entwicklung der Beurteilungsmerkmale des SFB

Auswahl der zu beurteilenden Objekte (Situationen) des SFB: Für den SFB werden neben dem Kontrollfaktor 4 mit der Situation 10 die jeweils höchstladenden beiden Variablen der Faktoren 1 – 3 verwendet (s. Tab. 5).

Tabelle 6: Faktor, Variable, Reliabilität und Kommunalität der Beurteilungsobjekte des SFB

Faktor	**Dimension (s.o.)**	**Ausgewählte Variable**	**Reliabilität*** (53 Merkmale)	**Reliabilität*** (18 Merkmale, s.u.)	**Kommunalität** (nach Extraktion)
1	Opfer	SIT 4	,9560	,9430	,940
		SIT18			,972
2	Unsicher	SIT36	,9469	,9469	,925
		SIT40			,924
3	Täter(in)	SIT16	,8513	,8558	,932
		SIT 2			,914
4	Sichtbarkeit, neutral	SIT10	–	–	,892
Gesamte Skala			,7022	,5530	

*Berechnung der inneren Konsistenz (Cronbach's Alpha)

3.2.6.3.2. Auswahl der Beurteilungsmerkmale des SFB

Für den SFB werden aus den oben aufgeführten Faktoren 18 Variable für die Bewertungsskalen selektiert.

Erläuterung: Da angenommen werden kann, dass es sich bei den Merkmalsbeschreibungen im Faktor 5 eher um Einschätzungen von „Peinlichkeitssituationen“ handelt (vgl. II, 2.2.5.2), bleiben diese Beurteilungen im SFB unberücksichtigt (s.o). Die Varianz, die durch die vier Faktoren beschrieben wird, beträgt dann

76,4 % (s. Tab. 4). Aus diesen vier Faktoren werden unter Berücksichtigung der Anzahl der Variablen pro Faktor *die* inhaltsvaliden Items ausgewählt[64], die der zugrundegelegten Literatur entsprechen und die in der ersten Untersuchung am häufigsten vorkamen und *Faktorladungen > 0,50* aufweisen.

3.2.6.3.3. Reliabilität und Skalen der Beurteilungsmerkmale

Tabelle 7 gibt eine Übersicht der 18 ausgewählten Items.

Tabelle7: Beurteilungsmerkmale (18 Einschätzungen)

Items	Mittelwert der Skala, falls das Item eliminiert wird	Varianz der Skala, falls das Item eliminiert wird	Item Gesamtkorrelation	Alpha, falls das Item eliminiert wird
A.RESP.L	1335,7143	216974,9048	,4673	,9399
A.VERA.M	1329,1429	212946,4762	,8451	,9282
ERSTAR.V	1329,1429	223703,4762	,8687	,9302
G.ROT	1300,8571	217252,1429	,7475	,9304
HERZRAST	1312,0000	226902,6667	,5750	,9340
I.BLOSSG	1303,0000	205658,6667	,9686	,9250
I.BODEN	1298,1429	206614,4762	,9750	,9250
I.LAECHE	1316,4286	213544,9524	,9724	,9265
I.RESP.L	1342,2857	224371,9048	,3326	,9436
I.TAKTLO	1342,2857	225229,9048	,3124	,9444
I.WERTLO	1330,0000	215776,6667	,8832	,9281
I.WUERDE	1333,2857	219782,5714	,8970	,9289
INTENSIT	1289,7143	204324,2381	,9793	,9246
MAGEN	1339,2857	240952,9048	,6418	,9368
NIEDERGE	1331,1429	218678,1429	,7212	,9310
O.HEISS	1329,1429	228351,8095	,7556	,9323
SCHWEISS	1324,1429	229088,4762	,6211	,9336
ZITTERN	1341,0000	240497,6667	,1869	,9397

N = 7 (Situationen), Alpha = ,9361

[64] vgl. dazu die Literaturangaben zu den Merkmalen von Schamgefühlsreaktionen (vgl. II, 6.2 u. 6.3.4)

Da einzelne Items in der Gesamtkorrelation niedrige Werte aufweisen, werden Skalen gebildet, die sich an den Ergebnissen der Faktorenanalyse (s.o.) ausrichten.

Bildung von Merkmalskategorien für den SFB

Physiologische Reaktionen:

Tabelle 8: Items der Skala physiologische Reaktionen

Items	**Mittelwert der Skala, falls das Item eliminiert wird**	**Varianz der Skala, falls das Item eliminiert wird**	**Item Gesamtkorrelation mit der Skala**	**Alpha, falls das Item eliminiert wird**
O.HEISS	463,0000	22221,6667	,9880	,9288
SCHWEISS	458,0000	21273,6667	,9717	,9273
ZITTERN	474,8571	22993,1429	,7281	,9480
MAGEN	473,1429	27386,1429	,8755	,9575
HERZRAST	445,8571	19860,8095	,9464	,9291
ERSTAR.V	463,0000	23238,6667	,7325	,9474
G.ROT	434,7143	18237,9048	,9471	,9341

N = 7 (Situationen), Alpha = ,9481

Die beiden Items „Zittern“ und „Erstarren“ weisen etwas niedrigere Gesamtkorrelationen mit der Skala Physiologische Reaktionen auf. Da durch die Eliminierung der beiden Merkmalsausprägungen die Reliabilität (Alpha) nicht erhöht wird, werden die Items beibehalten.

Kognitionen:

Tabelle 9: Items der Gesamtskala Kognitionen

Items	**Mittelwert der Skala, falls das Item eliminiert wird**	**Varianz der Skala, falls das Item eliminiert wird**	**Item Gesamtkorrelation mit der Skala**	**Alpha, falls das Item eliminiert wird**
A.RESP.L*	618,0000	85484,6667	,3654	,9306
A.VERA.M	611,4286	79542,9524	,8927	,8878
I.BLOSSG	585,2857	76703,9048	,9434	,8827
I.BODEN	580,4286	79008,6190	,8677	,8886
I.LAECHE	598,7143	81488,9048	,9461	,8880
I.RESP.L*	624,5714	81649,9524	,4936	,9196
I.TAKTLO*	624,5714	82316,2857	,4654	,9224
I.WERTLO	612,2857	81683,5714	,9181	,8891
I.WUERDE	615,5714	83545,2857	,9773	,8901

N = 7 (Situationen), Alpha =,9103, *diese Items werden eliminiert

Die in Tab. 9 mit * gekennzeichneten Items weisen niedrigere Gesamtkorrelationen mit der Skala auf. Um die Reliabilität zu erhöhen, werden die Items aus dieser Skala herausgenommen. Die beiden Merkmalsausprägungen I.TAKTLO und I.RESP.L *(Ich bin taktlos bzw. respektlos)* werden zusammengefasst, das Item A.RESP.L (*Die anderen sind respektlos*) wird als zusätzliches Item erfragt und ausgewertet (Kognitionen – c). Nach der Korrektur ergeben sich die folgenden beiden Skalen:

Kognitionen – a:

Tabelle 10: Items der Skala Kognitionen – a

Items	Mittelwert der Skala, falls das Item eliminiert wird	Varianz der Skala, falls das Item eliminiert wird	Item Gesamtkorrelation mit der Skala	Alpha, falls das Item eliminiert wird
A.VERA.M	427,0000	33207,6667	,9335	,9781
I.BLOSSG	400,8571	31323,8095	,9893	,9732
I.BODEN	396,0000	32795,3333	,9096	,9812
I.LAECHE	414,2857	34488,5714	,9957	,9728
I.WERTLO	427,8571	34908,4762	,9391	,9776
I.WUERDE	431,1429	37067,8095	,9130	,9818

N = 7 (Situationen), Alpha = ,9812

Kognitionen – b:

Tabelle 11: Items der Skala Kognitionen – b

Items	Mittelwert der Skala, falls das Item eliminiert wird	Varianz der Skala, falls das Item eliminiert wird	Item Gesamtkorrelation mit der Skala
I.RESP.L	59,2857	3530,5714	,9961
I.TAKTLO	59,2857	3464,2381	,9961

N = 7 (Situationen), Alpha = ,9980

Kognitionen – c:

A.RESP.L (die/der andere(n) ist/sind sind respektlos).

Weitere Items:

Die folgenden beiden Items werden zusätzlich erfragt und ausgewertet:

- INTENSIT (Wie belastend/unangenehm ist die Situation für Sie?)
- NIEDERGE (Ich empfinde Trauer, Niedergeschlagenheit)

3.2.7. Zusammenfassung

Zusammenfassend kann folgendes ausgesagt werden: Abhängig von der selbstinduzierten Emotionslage Scham, erhoben mittels 48 imaginärer, ereignisspezifischer Anlässe (Beurteilungsobjekte), und der Analyse der subjektiven Emotionseinschätzungen lassen sich drei statistisch bedeutsame Schamdimensionen beschreiben: *Opferscham*, *Täterscham* und *Unsicherheitsscham*. Das Individuum sieht sich selbst je nach Schamanlass als Unsichere(r), Opfer oder Täter(in).

Der Faktorenraum für die ermittelten Schamdimensionen baut sich im wesentlichen aus den drei relevanten Schamformen auf, die häufig in der Literatur beschrieben werden: Überschreitungen (Täterscham), Abweichungen (Opferscham) und Versagen/Misserfolg (Unsicherheitsscham) (vgl. II, 6.3.4.).

Für den dritten Teil der Untersuchung kann ein reduziertes Erhebungsinventar entwickelt werden. Sechs typische, ereignisspezifische Anlässe der drei Schamformen und eine Kontrollsituation können mit 18 Bewertungsmerkmalen in 6 Kategorien beurteilt werden: Intensität, Physiologische Reaktion, Kognitionen – a, – b und – c (drei selbstwertbelastende Attribuierungen), Stimmungs-/Gefühlsreaktion.

3.3. Scham: Komponenten, Determinanten, psychogene, soziogene und somatogene Beeinträchtigungen

3.3.1. Methodik

Die Eingangshypothesen (4, 5, 6, 7, 8 und 9) stehen im dritten Teil (Hauptteil) der Studie im Mittelpunkt.

Mit Hilfe von Mittelwertvergleichen und Korrelationsanalysen werden wesentliche Komponenten, Determinanten, psychogene, soziogene und somatogene Belastungen bezogen auf das Schamerleben ermittelt. Zusammen mit einer standardisierten Symptomcheckliste klinisch relevanter Störungen SCL-90-R[65] (vgl. Franke, 1994) wird der SFB einer weiteren Stichprobe vorgelegt. Nachdem die Teilnehmer die Items des SCL-90-R beantwortet haben, werden sie aufgefordert, sich die 6 (Scham-)Situationen und die Kontrollsituation (s.o.) des SFB in einem Ima-

---

[65] Symptomcheckliste nach Derogatis (1976)

ginationsexperiment jeweils vorzustellen und die Einschätzungen mittels der 18 Beurteilungsmerkmale (s.o.) vorzunehmen (genaue Instruktion s. Anhang). Außerdem geben die Vpn eine retrospektive Wertung zur eigenen Schambelastung in ihrer Kindheit und Jugend ab. Um der Gefahr von Verzerrungen aufgrund von sozialen Anreizen oder Strategien der Selbstpräsentation bei retrospektiven Befragungen entgegenzuwirken, wird allen Pbn eine persönliche Auswertung ihres Ankreuzverhaltens in Aussicht gestellt (s. Anhang).[65]

Über zwei Zeitungsartikel einer norddeutschen Tageszeitung (s. Anhang) und deren anschließende Veröffentlichung im Internet sowie eine einstündige Rundfunksendung mit einem Live-Interview des Versuchsleiters, ausgestrahlt im norddeutschen Raum, werden 102 Vpn für diesen Teil der Untersuchung gewonnen. Im Zeitungsartikel im Internet und in der Rundfunksendung, wird die Studie beschrieben, und interessierte Personen werden aufgefordert, sich telefonisch an den Versuchsleiter zwecks Zusendung der Unterlagen zu wenden. Die Probanden erhalten die Untersuchungsinventare, die Anweisung und einen unfrankierten, adressierten Rückumschlag zugesendet (s. Anhang). Einzige Bedingung für die Teilnehmer: sie müssen mindestens 18 Jahre alt sein.

3.3.2. Erhebungsinstrumente

Neben dem Anschreiben mit den Anleitungen umfasst das Erhebungsinventar die folgenden drei Bereiche:

- A: Symptom-Checkliste (SCL-90-R)
- B: Fragebogen zum Schamerleben (SFB)
- C: Allgemeine Fragen (sozio- und ökodemografische Daten, eigene Anmerkungen).

Die Skalen beider Fragebögen (SCL-90-R und SFB) sind gleich gepolt. Ein hoher Score entspricht einer hohen Merkmalsausprägung (vice versa).

Teil A: Symptom-Checkliste (SCL-90-R)

Um aktuelle psychische Symptome klinisch relevanter Belastungen festzustellen, die das Allgemeinbefinden beeinträchtigen, wird ein klinisch erprobtes Inventar

---

[65] Bis auf eine Ausnahme wünschten alle Vpn (n = 101) die Auswertung.

eingesetzt, das häufig in internationalen Studien erprobt wurde, so dass Vergleichsdaten zur Verfügung stehen.

Mit dem standardisierten Fragebogen von Derogatis (1977) kann eine Bandbreite psychischen Befindens erhoben werden. Für die vorliegende Untersuchung wurde die deutsche Bearbeitung von Franke (1995) eingesetzt. Die Symptom-Checkliste beinhaltet drei Global-Kennwerte, die Informationen über das jeweilige Antwortverhalten der Vpn bezogen auf alle Items geben: Der GSI gibt Auskunft über die grundsätzliche psychische Belastung, der PST ermittelt die Anzahl der Symptome, denen zugestimmt wird, und der PSDI gibt die Intensität jener Items an, denen zugestimmt wird (GSI/PST).

90 Items beschreiben die Bereiche *Somatisierung*, *Zwanghaftigkeit*, *Unsicherheit im Sozialkontakt*, *Depressivität*, *Ängstlichkeit*, *Aggressivität/Feindseligkeit*, *Phobische Angst*, *Paranoides Denken*, *Psychotizismus* und eine Skala mit Zusatzitems. Die ermittelten Rohwerte werden anhand von Tabellen, denen die Daten der Standardisierungsstichprobe „Normal Gesunder" (n = 1006) zugrunde liegen, – unter Berücksichtigung der Schulbildung und des Geschlechts – in T-Werte umgerechnet. Damit wird die Schwere der Belastung augenfällig: Eine deutlich messbare, aktuelle,[66] psychische Belastung liegt vor, wenn die T-Werte zwischen 60 und 70 liegen, höhere Werte bedeuten eine höhere bis sehr hohe psychische Belastung. Oberhalb von T = 80 werden keine weiteren T-Werte berechnet. D. h. T > 80 führt zu T = 80 (vgl. Testkatalog 1998/99 und G. Franke, 1995, S. 27f).

Zuverlässigkeit (interne Konsistenz bei klinischen Gruppen): r = .79 bis .89; den Items kann „face validity" zugesprochen werden. Die Retest-Reliabilität innerhalb einer Woche ist für die Normstichprobe befriedigend, für klinische Gruppen gut bis sehr gut. Die Interkorrelation der Skalen für die Normstichprobe liegt im Mittel bei r = .45. Die Höhe der Interkorrelation der Skalen bei klinischen Stichproben wurden in der Vergangenheit kritisiert. Allerdings scheint die Forderung nach extrem niedrigen Interkorrelationen am ganzheitlichen Konzept der Symptombelastung vorbeizugehen (G. Franke, 1995, S. 30). Bearbeitungszeit der Symptom-Checkliste: 10 – 15 Minuten.

---

[66] Der SCL-90-R ermittelt das akute Befinden der letzten 7 Tage.

Teil B: Der SFB

Instruktion: Die Pbn erhalten die schriftliche Anleitung, sich die jeweiligen Situationen vorzustellen (Reiz durch Induktion), um im Anschluss daran die Antworten anzukreuzen (Reaktion).

Ein Beispiel soll die Aufgabe verdeutlichen (genaue Instruktion s. SFB im Anhang).

Tabelle 12: Beurteilungsobjekte (Situationen, Anlässe) des SFB

Scham	**Faktor (Schamform /Reaktionstyp)**	**Situative Anlässe**
0	Neutrales Kontroll-Item	*Situation 3*: Ich sitze vormittags, völlig ungestört im Zug (oder S-Bahn, U-Bahn). In meinem Abteil befinden sich außer mir noch andere Personen.
1	Unsichere(r)	*Situation 1*: Bei einer mündlichen Prüfung wird meine Aufregung bemerkt.
		Situation 2: Ich muss vor anderen Personen frei reden. Alle schauen mich erwartungsvoll an und sehen, dass ich aufgeregt bin.
2	Opfer	*Situation 4*: In einer Gruppe werde ich in negativer Weise auf mein „Äußeres" angesprochen (z.B. wegen Pickel im Gesicht, meiner Frisur, Körperbau ...). Die anderen lachen.
		Situation 5: Ein(e) Mitarbeiter(in) macht vor allen andere eine sexuell „anstößige" Bemerkung bezüglich meiner Person. Mir fehlen die Worte. Ich kann mich nicht wehren.
3	Täter(in)	*Situation 6*: Ich beobachte heimlich eine andere Person, während sie sich entkleidet, (z.B. in der Toilette oder beim Umziehen in einer Kabine ...). Plötzlich werde ich ertappt.
		Situation 7: Ich bedränge eine Person und verhalte mich gegen sie „distanzlos". Obwohl ich in aggressiver Art und Weise die Grenzen dieser Person verletzt habe, ist sie zu mir dennoch höflich und fair, ja sogar fürsorglich.

Beurteilungsmerkmale des SFB

Entsprechend den oben durchgeführten Analysen (s. 3.2.4.4.2.) werden die 18 Items für die Einschätzung der 6 Beurteilungsobjekte und des Kontrollobjekts (s.o.) verwendet. Zusätzlich erhalten die Pbn die Möglichkeit, unter der offenen Kategorie *Sonstiges* weitere Angaben mitzuteilen.

Tabelle 13: Beschreibung der Kategorien, Items und Skalen

Kategorie	**Items**		**Skala**
Geschätzte Intensität	1 geschlossene Frage zur Belastung in der jeweiligen Situation	- Wie unangenehm ist diese Situationen für Sie?	5 stufige Ratingskala; 0 = überhaupt nicht; 1 = ein wenig; 2 = ziemlich; 3 = stark; 4 = sehr stark; die Werte entsprechen einer positiven Merkmalsausprägung.
Geschätzte physiologische Reaktionen	7 geschlossene Fragen zu den physiologischen Erscheinungen in der jeweiligen Situation	- Ich zittere. - Mein Herz rast. - Ich spüre Übelkeit im Magen. - Ich erstarre, ich verkrampfe mich - Mein Gesicht wird rot. - Meine Ohren werden heiß. - Ich empfinde starke Hitze	5 stufige Ratingskala; 0 = überhaupt nicht; 1 = ein wenig; 2 = ziemlich; 3 = stark; 4 = sehr stark; die Werte entsprechen einer positiven Merkmalsausprägung. Reliabilität (Cronbach's Alpha): ,9481

Geschätzte Kognitionen – a	6 geschlossene Fragen zu Sichtweisen, Bedeutungen und Bewertungen in der jeweiligen Situation	- Die/der Andere(n) verachtet(n) mich. - Ich bin würdelos. - Ich bin wertlos. - Ich bin bloßgestellt. - Ich bin lächerlich. - Ich möchte am liebsten im Boden versinken.	5 stufige Ratingskala; 0 = überhaupt nicht; 1 = ein wenig; 2 = ziemlich; 3 = stark; 4 = sehr stark; die Werte entsprechen einer positiven Merkmalsausprägung. Reliabilität (Cronbach's Alpha): ,9812
Geschätzte Kognitionen – b	2 geschlossene Fragen zu Sichtweisen, Bedeutungen und Bewertungen in der jeweiligen Situation	- Ich bin taktlos. - Ich bin respektlos.	5 stufige Ratingskala; 0 = überhaupt nicht; 1 = ein wenig; 2 = ziemlich; 3 = stark; 4 = sehr stark; die Werte entsprechen einer positiven Merkmalsausprägung. Reliabilität (Cronbach's Alpha): ,998
Geschätzte Kognitionen – c	1 geschlossene Frage zur Sichtweise, Bedeutung bzw. Bewertung in der jeweiligen Situation	- Die/der Andere(n) ist/sind respektlos.	5 stufige Ratingskala; 0 = überhaupt nicht; 1 = ein wenig; 2 = ziemlich; 3 = stark; 4 = sehr stark; die Werte entsprechen einer positiven Merkmalsausprägung.
Geschätzte Stimmung / Gefühlsreaktion	1 geschlossene Frage zur Gefühlsreaktion in der jeweiligen Situation	- Ich empfinde Trauer, Niedergeschlagenheit.	5 stufige Ratingskala; 0 = überhaupt nicht; 1 = ein wenig; 2 = ziemlich; 3 = stark; 4 = sehr stark; die Werte entsprechen einer positiven Merkmalsausprägung.

Sonstiges	1 Offene Frage	(bitte angeben)	5 stufige Ratingskala; 0 = überhaupt nicht; 1 = ein wenig; 2 = ziemlich; 3 = stark; 4 = sehr stark; Die Werte entsprechen einer positiven Merkmalsausprägung.

Teil C: Allgemeine Fragen

Neben eigenen Anmerkungen zur Untersuchung werden die folgenden sozio- und ökodemografischen Daten erhoben (genaue Angaben s. SFB im Anhang):

Items	Beschreibung/Skala/Klassen
1. Geschlecht	geschlossene Frage / Nominal / 2 Klassen
2. Alter	geschlossene Frage / Nominal / 6 Klassen
3. Mit welchen Sitten und Gebräuchen sind Sie aufgewachsen?	geschlossene Frage / Nominal / 2 Klassen
4. Schulabschluss	geschlossene Frage / Nominal / 6 Klassen
5. Familienstand/Haushalt	geschlossene Frage / Nominal / 7 Klassen
6. Finanzielle Lage	geschlossene Frage / Ordinal / 3-Stufenskala (positive Merkmalsausprägung)
7. Beschäftigung	geschlossene Frage / Nominal / 10 Klassen
8. Eigene Anmerkungen, Ergänzungen zur Untersuchung	Offene Frage / – / –

3.3.3. Die Stichprobe

Daten		Charakteristik	%
Verteilung		150 (Inventare)	
Rücklauf		108	72,0
Anzahl (auswertbar)		102	100,0
Tageszeitung		66	64,7
Rundfunk		16	15,7
Internet		7	6,9
Sonstige		13	12,7
Eingang		Nov. 1998 – Feb. 1999	
Geschlecht	weiblich	74	72,5
	männlich	28	27,5
Altersangaben (in Jahren)	unter 21	7	6,9
	21 - 30	51	50,0
	31 – 40	20	19,6
	41 – 50	15	14,7
	51 – 60	5	4,9
	61 Jahre u. älter	4	3,9
Schulabschluss	kein Abschluss	1	1,0
	Hauptschule	6	5,9
	Realschule	25	24,5
	Abitur	59	57,8
	Studium	10	9,8
	anderer Abschluss	1	1,0
Finanzielle Lage	schlecht	20	19,6
	mittel	58	56,9
	gut	24	23,5
Familien-stand/Haushalt	zusammenleben	40	39,2
	alleinlebend	41	40,2
	sonstiges	21	20,6
Kultur	Deutsch	87	85,3
	Andere	15	14,7

Berufsgruppe	Freier Beruf	14	13,7
	Beamter (Beamtin)	2	2,0
	Selbständige(r)	5	4,9
	Leitende(r) Angestellte(r)	2	2,0
	Sonstige(r) Arbeiter(in)	2	2,0
	Schüler/Student	31	30,4
	Andere	9	8,8
	Angestellt	35	34,3
	Hausfrau	2	2,0

3.3.3.1. Repräsentativität

Die weiblichen Teilnehmerinnen sind mit 72,5% deutlich überrepräsentiert. Die Allgemeinbildung der Pbn liegt mit 57,8 % Abitur über dem Bevölkerungsdurchschnitt, Umgekehrtes gilt für die Haupt- und Realschüler mit einem Anteil von 30,4 %. Bei den Berufsgruppen ist die hohe Anzahl Schüler/Studenten mit 30,4 % und die geringe Anzahl von Hausfrauen (2%) sowie das Fehlen der Berufsgruppe „Rentner" auffällig.[67] Mit 56,9 % sind die jüngeren Teilnehmer der Altersstufen bis 30 Jahre stärker vertreten. Die anderen Merkmale (Kultur, Familienstand, Haushalt, Finanzen) weisen keine nennenswerten Abweichungen zur Gesamtpopulation auf. Die Stichprobe ist nicht repräsentativ.

3.3.4. Auswertung und Rechenvoraussetzungen

Mit dem Kolmogorov-Smirnov-Z-Test werden die Variablen auf Normalverteilung überprüft. Die Signifikanz von Mittelwertunterschieden mehrerer abhängiger Variablen wird mittels T-Tests und mehrfaktoriellen Varianzanalysen (Manova-Prozedur) überprüft. Der T-Test ist relativ robust gegenüber Abweichungen von der Normalverteilung. Sollte bei der Anwendung des T-Tests eine Variable von der Normalverteilung abweichen, so wird bei der graphischen Überprüfung der

---

[67] Es ist möglich, dass Hausfrauen und Rentner zum Teil ihren *vorher* ausgeübten/erlernten Beruf angegeben haben.

Variable darauf geachtet, dass diese symmetrisch ist und keine Ausreißer enthält. Wenn nichts anderes beschrieben wird, wird eine Fehlerwahrscheinlichkeit von 1% akzeptiert. Die Varianzhomogenität wird mit dem Levene-Test (F-Test) kontrolliert. Mit der Prozedur Frequencies werden die Stichproben, relative/absolute Häufigkeiten, Mittelwerte, Standardabweichungen sowie Schiefe und Exzess von Variablenverteilungen referiert. Zusammenhänge von Variablen werden mit Pearsons Produkt-Moment-Korrelation errechnet.

3.3.5. Ergebnisse

3.3.5.1 Komponenten typischer Schamreaktionen

Um die Differenzen der angegebenen Daten zu verdeutlichen, werden die Variablen der Schamreaktionstypen graphisch dargestellt und analysiert.

In den folgenden Boxplots werden Median, Interquartilbereich, Ausreißer und Extremfälle (O) der einzelnen Variablen angezeigt.

Die höchsten Werte der Intensität zeigen sich bei den Reaktionstypen *Opfer* (INTEN2.G) und *Täter(in)* (INTEN3.G). Im Gegensatz zu den beiden anderen Reaktionstypen wird augenfällig, dass der minimale Wertebereich beim Typ *Täter(in)* ungleich null ist (außer einem Extremfall). Der Median der Kontrollvariable (INTEN0.G) liegt erwartungsgemäß bei 0 (wenige Ausreißer).

Die höchsten Werte im Bereich der physiologischen Reaktionen ergeben sich beim Schamreaktionstyp *Unsichere(r)* (KEMPF1.G), gefolgt von den Reaktionstypen *Täter(in)* (KEMPF3.G) und *Opfer* (KEMPF2.G). Bei allen drei Typen ist je ein Extremwert zu erkennen. Die Kontrollvariable (KEMPF0.G) zeigt den Wert 0, wobei einige Ausreißer zu verzeichnen sind.

Der höchste Median der Variablen Kognitionen – a findet sich beim Schamreaktionstyp *Täter(in)*, dicht gefolgt vom Typ *Opfer*. Etwas niedrigere Werte ergeben sich bei den Schamreaktionen des Typs *Unsichere(r)*. Hier sind einige Extremwerte zu verzeichnen. Die Kontrollvariable zeigt abgesehen von einigen Ausreißern den Wert 0.

Gedanken über die eigene Takt- u. Respektlosigkeit (Kognitionen – b) werden bei den Schamreaktionstypen *Unsichere(r)* und *Opfer* nicht genannt. Wie erwartet errechnen sich bei der Schamreaktion des Typs *Täter(in)* die höchsten Werte. Die Kontrollvariable zeigt den Wert 0 (zwei Ausreißer).

Die Werte der Komponente Kognitionen – c sind wie erwartet im Schamreaktionstyp Opfer (KOGN.C.2) am höchsten. Der Median-Wert der Kontrollvariable (KOGN.C.0) beträgt 0 (zwei Ausreißer). Für den Schamreaktionstyp *Täter(in)* (KOGN.C.3.) werden erwartungsgemäß keine Werte angekreuzt. Der Median der Schamreaktion des Typs *Unsichere(r)* (KOGN.C.1) entspricht dem Wert 0, es sind jedoch einige Ausreißer und ein Extremwert zu verzeichnen.

Intensität

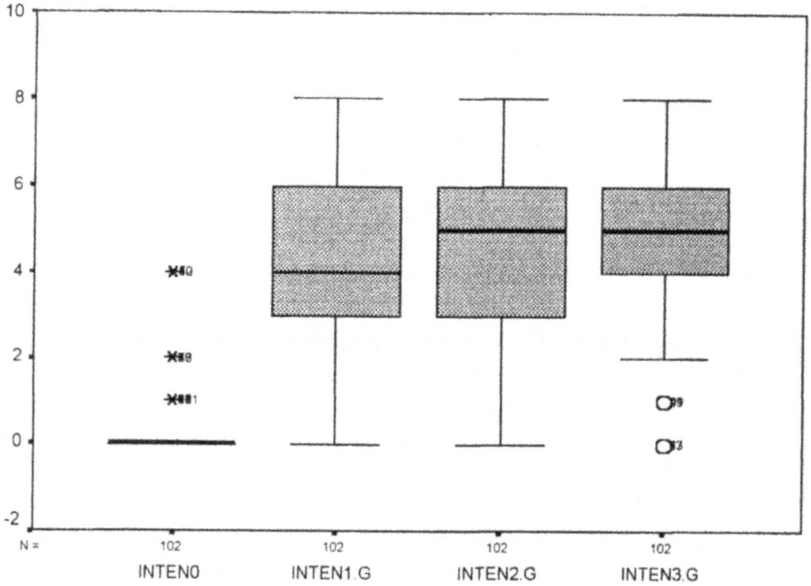

Physiologische Reaktionen

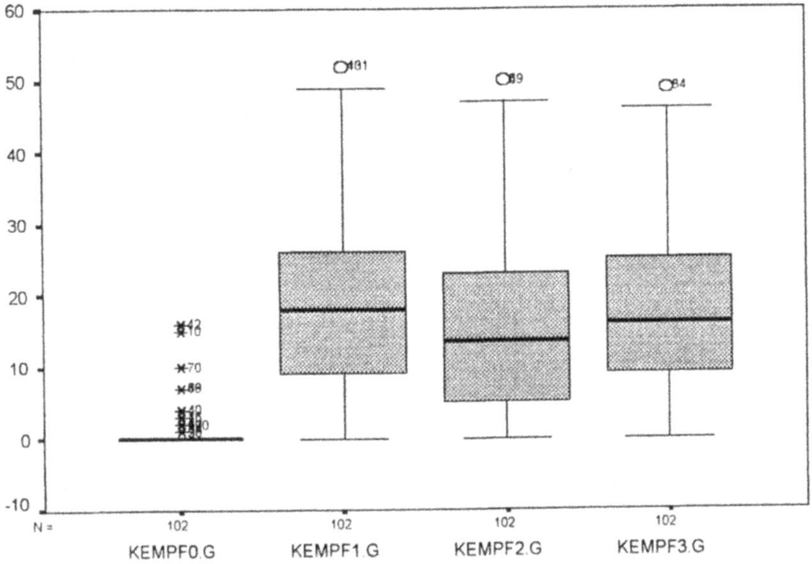

Kognitionen — a (internale und externale, globale selbstwertbelastende Attribuierung)

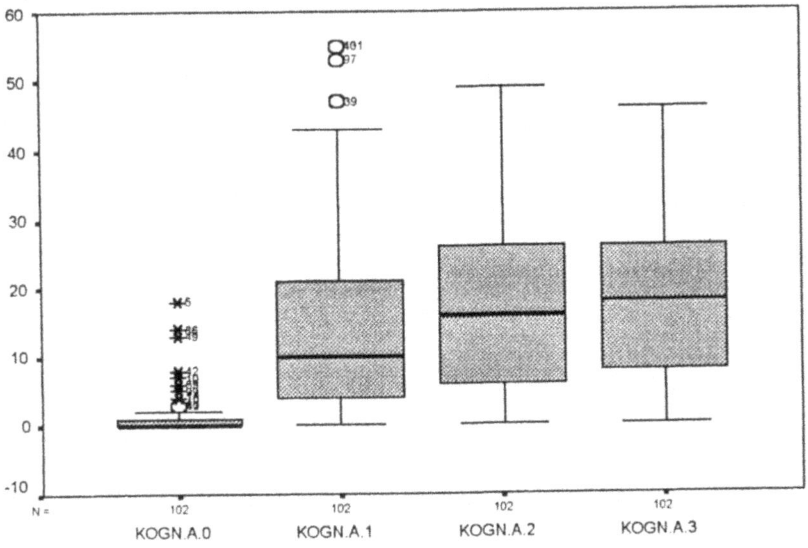

Kognitionen – b (internale, globale selbstwertbelastende Attribuierung über die eigene Takt- u. Respektlosigkeit)

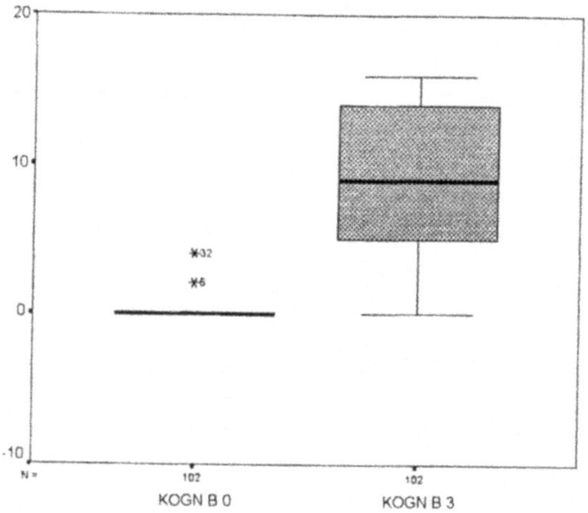

Kognitionen – c (externale, globale selbstwertbelastende Attribuierung über die Respektlosigkeit der anderen)

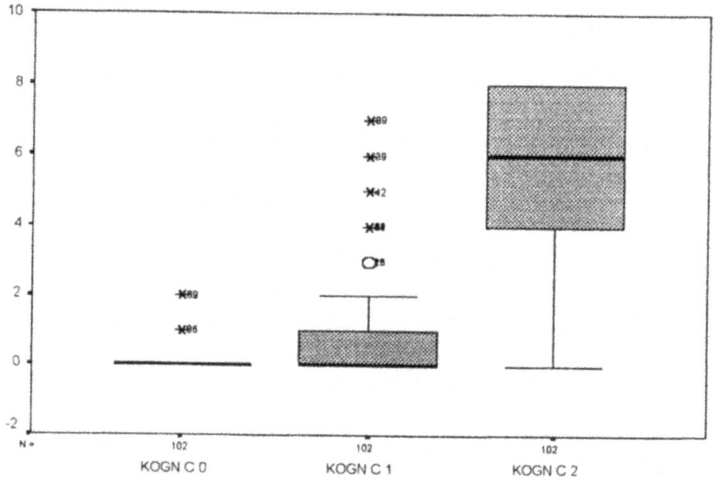

Stimmung/Gefühlsreaktion (Trauer/Niedergeschlagenheit)

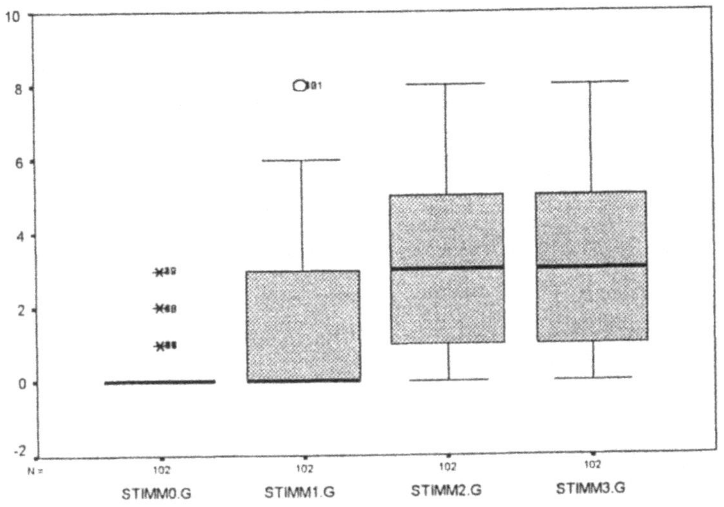

Die höchsten Mediane in der Subskala Stimmung/Gefühlsreaktion können bei den Reaktionstypen *Opfer* (STIMM2.G) und *Täter(in)* (STIMM3.G) verzeichnet werden. Abgesehen von einem Extremwert sind die Werte bei Schamreaktionen des Typs *Unsichere(r)* (STIMM1.G) bezogen auf die Stimmungsreaktionen unterschiedlich, wobei der Median bei 0 liegt. Wie erwartet errechnet sich für die Kontrollvariable (STIMM0.G) ein Median von 0 mit wenigen Ausreißern.

3.3.5.1.1. Zusammenfassung

In Tabelle 14 werden die oben aufgeführten Ergebnisse zu den Subkomponenten typischen Schamreagierens zusammenfassend dargestellt.

Werden die Werte der Kontrollvariablen (SCHAM0) betrachtet, so wird, abgesehen von wenigen Ausreißern und Extremwerten, offenbar, dass in allen Subkomponenten der Schamreaktionen für den Median der Wert 0 ermittelt wird. Das Ausmaß der Quartile und der maximalen Wertebereiche ist unbedeutend gering.

Personen des Schamreaktionstyps, *Unsichere(r)* (SCHAM1) zeigen die höchsten Werte in der Subskala *physiologische Reaktionen* (KEMPF.1.G). Bei der Variable *internale u. externale, globale, selbstwertbelastende Attribuierung* (KOGN.A.1) sind im Vergleich zu den beiden anderen Typen etwas geringe Werte festzustellen. Die *Intensität* (INTEN1.G) liegt im mittleren Bereich, die weiteren Komponenten *(Stimmung/Gefühlsreaktion, Kognitionen – b und – c)* erreichen keine Salienz.

Tabelle 14: Deskriptive Statistik-Subskalen-Quartile der Schamreaktionstypen

	N	Perzentile 25.	50. (Median)	75.
INTEN0	102	,0000	,0000	,0000
INTEN1.G	102	3,0000	4,0000	6,0000
INTEN2.G	102	3,0000	5,0000	6,0000
INTEN3.G	102	4,0000	5,0000	6,0000
KEMPF0.G	102	,0000	,0000	,0000
KEMPF1.G	102	9,0000	18,0000	26,5000
KEMPF2.G	102	5,0000	13,5000	23,0000
KEMPF3.G	102	9,0000	16,0000	25,0000
KOGN.A.0	102	,0000	,0000	1,0000
KOGN.A.1	102	4,0000	10,0000	21,2500
KOGN.A.2	102	6,0000	16,0000	26,2500
KOGN.A.3	102	8,0000	18,0000	26,2500
KOGN.B.0	102	,0000	,0000	,0000
KOGN.B.3	102	4,7500	9,0000	14,0000
KOGN.C.0	102	,0000	,0000	,0000
KOGN.C.1	102	,0000	,0000	1,0000
KOGN.C.2	102	4,0000	6,0000	8,0000
STIMM0.G	102	,0000	,0000	,0000
STIMM1.G	102	,0000	,0000	3,0000
STIMM2.G	102	1,0000	3,0000	5,0000
STIMM3.G	102	1,0000	3,0000	5,0000

Individuen die die Schamreaktion 2, *Opfer* zeigen, geben erwatungsgemäß die relativ höchsten Werte in der Komponente *Kognitionen – c* (KOGN.C.2) an. Hohe Angaben errechnen sich außerdem in der Komponente *Kognitionen – a* (KOGN.A.2). Die ermittelten Werte der Subskala *physiologischen Reaktionen* (KEMPF.2.G) fallen im Vergleich zu den beiden andren Schamreaktionstypen niedriger aus. Die Komponenten *Intensität* (INTEN2.G) und *Stimmung/Gefühlsreaktion* (STIMM2.G) liegen im mittleren Bereich.

Für die Schamreaktion *Täter(in)* errechnet sich der relativ höchste Median in der Subskala *Kognitionen – b* (KOGN.B.3). Im Vergleich zu den beiden anderen Schamreaktionstypen werden in der Subskala *Kognitionen – a* (KOGN.A.), selbstwertbelastende Attribuierung, die höchsten Werte errechnet. Der Wert der Skala *physiologische Reaktionen* (KEMPF.3.G) weist ebenfalls einen hohen Median aus. Die Komponenten *Stimmung/Gefühlsreaktion* (STIMM3.G) und die Komponenten *Intensität* (INTEN3.G) liegen im mittleren Bereich.

Schamdimensionen und Komponenten

Die Komponenten *Physiologische Reaktionen, Intensität* und *Kognitionen – a* (internale u. externale, globale selbstwertbelastende Attribuierung) treten in allen drei Schamreaktionstypen ähnlich stark auf (s. Abb. 3). Diese Merkmalskategorien repräsentieren den Befunden der Untersuchung zufolge die *Basiskomponenten* des emotionalen Schamerlebens.

Abbildung 3: Komponenten typischer, situationsabhängiger Schamreaktione

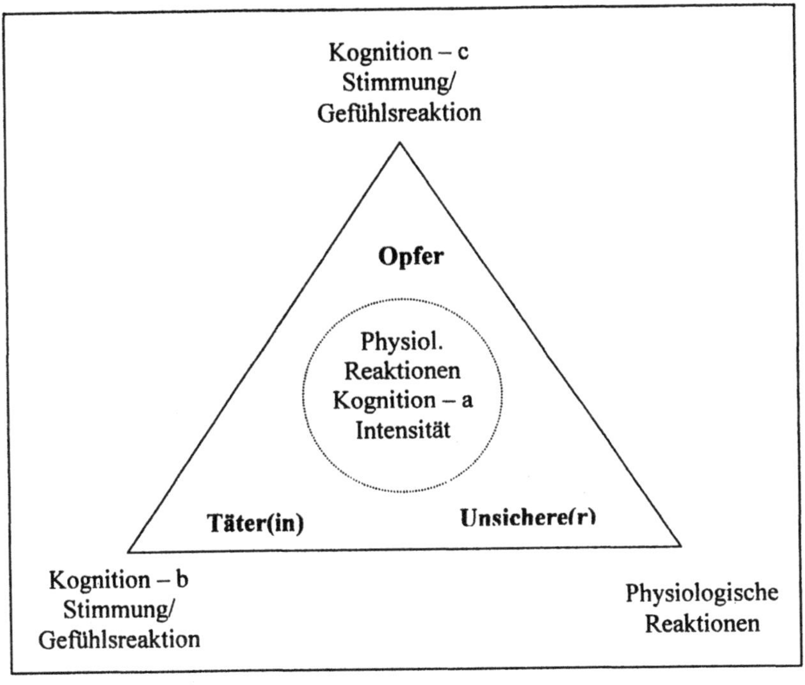

Personen, die den Schamtyp *Unsicherheit* erleben, geben die stärksten physiologischen Körperreaktionen an. Probanden, die unter *Opferscham* leiden, nennen hohe Werte in den Komponenten Kognitionen – c (selbstwertbelastende Attribuierung über die Respektlosigkeit der anderen) und den Gefühlsreaktionen *Trauer/Niedergeschlagenheit*. Personen, die *Täter(in)*-Scham empfinden, weisen hohe Werte in den Komponenten Kognitionen – b (selbstwertbelastende Attribuierung über die eigene Takt- u. Respektlosigkeit) und der Komponente *Stimmung/Gefühlsreaktion* auf.

3.3.5.2. Darstellung der Angaben in den Erhebungsinstrumenten

Im folgenden werden die Erhebungsergebnisse (SCL-90-R und SFB) dargestellt und mit anderen Stichproben verglichen.

Tabelle 15 : Mittelwerte und Standardabweichungen der Skalen des SCL-90-R (T-Werte), Scham.ju, Scham0, Scham1, Scham2 und Scham3 *im Überblick*

Variable	M N = 102	SD N = 102	Minimum N = 102	Maximum N = 102
AGGRESS	57,86	12,60	36,00	80,00
ANGST	59,45	12,26	35,00	80,00
DEPRESS	59,64	13,19	29,00	80,00
GSI	61,75	12,59	24,00	80,00
PARANOI	58,43	11,68	33,00	80,00
PHOBIE	57,66	12,59	38,00	80,00
PSDI	60,73	11,82	3,00	80,00
PST	59,45	13,60	1,00	80,00
PSYCHOT	57,67	12,88	33,00	80,00
SOMA	55,85	13,59	5,00	80,00
UNSICHER	60,75	12,33	33,00	80,00
ZWANG	59,54	11,79	31,00	80,00
SCHAM.JU	2,52	1,19	,00	4,00
SCHAM0	2,87	6,80	,00	35,00
SCHAM1*	40,81	28,11	,00	130,00
SCHAM2*	41,77	28,36	,00	111,00
SCHAM3*	45,09	24,84	,00	109,00

*Die vergleichbaren Scham-Werte setzten sich zusammen aus den Beurteilungsmerkmalen: *Intensität, Physiologische Reaktionen, Kognitionen – a, Stimmung/Gefühlsreaktion.*

Es zeigt sich, dass die Pbn in den beiden globalen Werten GSI (Gesamtbelastung) und PSDI (Intensität) sowie in der Subskala *Unsicherheit* Belastungen angeben (T-Werte > 60). Die geringsten Werte zeigen sich in den Skalen *Somatisierung*, gefolgt von *phobischer Angst* und *Psychotizismus*.

In der Kontrollvariablen SCHAM0 ergeben sich erwartungsgemäß niedrige Werte, die Streuung liegt im mittleren Bereich. Die höchsten Angaben beim Schamerleben werden beim Schamtyp *Täter* (SCHAM3) gefolgt von SCHAM2 (Typ *Opfer*) und Typ *Unsichere(r)* (SCHAM1) verzeichnet. Bei allen Schamreaktionstypen ergeben sich starke Streuungen.

3.3.5.2.1. Vergleich mit anderen Stichproben

Tabelle 16: Vergleich der Angaben (SCL-90-R -Rohwerte) der Untersuchungsteilnehmer mit anderen Stichproben (Derogatis, 1977)

Variable	„Normal" Gesunde * N = 974		Ambulante Psychiatrie-patienten ** N = 1002		Stichprobe N = 102	
	M	SD	M	SD	M	SD
RAGGRESS	0,30	0,40	1,10	0,93	,76	,73
RANGST	0,30	0,37	1,47	0,88	,70	,58
RDEPRESS	0,36	0,44	1,79	0,94	1,01	,83
RGSI	0,31	0,31	1,26	0,68	,74	,50
RPARANOI	0,34	0,44	1,16	0,92	,76	,59
RPHOBIE	0,13	0,31	0,74	0,80	,48	,62
RPSDI	1,32	0,42	2,14	0,58	1,62	,45
RPST	19,29	15,48	50,17	18,98	38,94	18,32
RPSYCHOT	0,14	0,25	0,94	0,70	,45	,46
RSOMA	0,36	0,42	0,87	0,75	,65	,62
RUNSICHER	0,29	0,39	1,41	0,89	1,00	,73
RZWANG	0,39	0,45	1,47	0,91	,88	,58

*Beim Vergleich der Werte der „Normal" Gesunden (USA, N = 974, Derogatis, 1977) mit der Standarisierungsstichprobe von Franke (BR Deutschland, N=1006, 1992) fällt auf, dass in der amerikanischen Studie die Skalen Unsicherheit, Psychotizismus und Zwang niedriger bewertet werden (vgl. Franke, 1992).

**Die Angaben der ambulanten Psychiatriepatienten (USA, Derogatis, 1977) entsprechen etwa den Werten deutscher ambulanter Psychotherapiepatienten (ebd.).

Die Ergebnisse der oben aufgeführten Erhebungen von Derogatis (1977) bzw. Franke (BR Deutschland, 1992) werden mit den Daten der Gesamtstichprobe (N = 102) verglichen. Es fällt auf, dass die 102 Pbn der Gesamtstichprobe durchschnittlich höhere Werte in den Skalen der SCL-90-R angeben als die Personen in den Normstichproben („Normal" Gesunde). Geben die Personen in der Intensität (RPSTI) der Belastungen etwa 25 % höhere Werte an, so weisen sie in der Gesamtbelastung (RGSI) und der Anzahl der positiv angekreuzten Items (RPST) etwa doppelt so hohe Werte auf.

3.3.5.3. Demografische, sozioökonomische und soziodemographische Determinanten

Je nach Rechenvoraussetzung werden die abhängigen Variablen (Schamreaktionstypen, SCL-90-R-Subskalen) auf Unterschiede in den Mittelwerten (einfaktorielle Varianzanalyse, T-Tests) bzw. den mittleren Rängen (Kruskal-Wallis-Test) der unabhängigen Gruppenvariablen überprüft. Bei zu kleinen Gruppenstärken (Faktorstufen < 20) wird der H-Test angewendet.

Herkunft

Neben den Auswirkungen der kulturellen Herkunft auf das Schamerleben werden auch die psychosozialen Belastungen zwischen Personen deutscher und anderer Herkunft verglichen.

Signifikante Mittelwertunterschiede in der SCL-90-R sowie der Scham zwischen Personen deutscher und anderer kultureller Herkunft können nicht abgeleitet werden. Auffällig ist aber, dass *die* Personen, die anderen Kulturkreisen entstammen, in allen Kategorien die niedrigeren Werte angeben und keine messbaren Belastungen in den Subskalen der SCL-90-R aufweisen (T-Werte < 60, Tab. 17).

Geschlechtsspezifischer Vergleich

Mit Hilfe der berechneten T-Tests wird deutlich, dass sich Männer und Frauen bezüglich Scham2.g (Typ: *Opfer*) in den Mittelwerten auf einem Signifikanzniveau von 5% unterscheiden. Die weiblichen Probanden weisen hier die höheren Mittelwerte auf (Tab. 18).

Tabelle 17: Mittelwertvergleiche und Standartabweichungen in der SCL-90-R und Scham zwischen Personen deutscher und anderer Herkunft

Variable	Deutsche Herkunft N=87		Andere Herkunft N=15		Mittelwertvergleich		
	M	SD	M	SD	t	df	p
AGGRESS	58,3678	12,8571	54,9333	10,9118	,975	100	,332
ANGST	60,1494	12,5026	55,4000	10,1826	1,392	100	,167
DEPRESS	60,3678	13,6919	55,4000	9,0222	1,352	100	,179
GSI	62,2069	12,8625	59,1333	10,8487	,873	100	,385
PARANOI	58,7471	11,6302	56,6000	12,1937	,656	100	,298
PHOBIE	58,4253	12,9764	53,2000	9,1901	1,493	100	,138
PSDI	60,9540	12,1367	59,4000	10,0485	,468	100	,641
PST	59,8966	14,0936	56,8667	10,2460	,796	100	,428
PSYCHOT	57,6437	12,9399	57,8000	12,9736	-,043	100	,966
SOMA	56,0690	13,9857	54,6000	11,3503	,385	100	,701
UNSICHER	61,5057	12,4058	56,3333	11,2419	1,510	100	,134
ZWANG	59,8851	11,7636	57,5333	12,1236	,712	100	,478
SCHAM.JU	2,5517	1,1590	2,3333	1,3973	,654	100	,515
SCHAM0	3,0230	6,9198	2,0000	6,1875	,536	100	,593
SCHAM1.g	42,7931	28,4940	34,0667	29,2440	1,091	100	,278
SCHAM2.g	48,2759	30,1337	38,5333	28,9479	1,163	100	,248
SCHAM3.g	48,2759	28,8686	43,5333	26,7605	1,524	100	,131

Bei den Variablen Scham.ju (Scham in der Jugend), Scham0 (Kontrollvariable), Scham1.g (Typ: (*Unsichere(r)*) und Scham3.g (Typ: *Täter(in)*) geben die Frauen leicht höhere Werte an, diese geschlechtsspezifischen Unterschiede sind aber nicht signifikant. Auch in den Subskalen der SCL-90-R sind keine bedeutenden Ungleichheiten festzustellen. Interessant ist hier aber zu verzeichnen, dass die Männer, abgesehen von der Anzahl der positiv zugestimmten Items (PST) und der Skala Zwang, durchweg die höheren Werte aufweisen.

Tabelle 18: Geschlechtsspezifische Unterschiede, Scham, SCL-90-R (T-Werte)

Variable	**Frauen N = 74**		**Männer N = 28**		**Mittelwertvergleich**		
	M	**SD**	**M**	**SD**	**t**	**df**	**p**
AGGRESS	57,8108	13,3834	58,0000	10,4669	-,075	61,967	,940
ANGST	59,3514	12,4068	59,7143	12,0857	-,133	100	,895
DEPRESS	58,7297	13,4687	62,0357	12,3423	-1,13	100	,261
GSI	61,4054	13,0394	62,6786	11,4699	-,454	100	,651
PARANOI	58,0676	11,9867	59,3929	10,9691	-,510	100	,611
PHOBIE	57,1757	12,6083	58,9286	12,6869	-,626	100	,533
PSDI	60,2027	11,8945	62,1071	11,7232	-,724	100	,470
PST	59,5541	12,9912	59,1786	15,3310	,124	100	,902
PSYCHOT	57,5676	13,3212	57,9286	11,8632	-,126	100	,900
SOMA	55,7568	14,5374	56,1071	10,9251	-,116	100	,908
UNSICHER	60,4459	12,5460	61,5357	11,9148	-,397	100	,692
ZWANG	59,5541	12,1375	59,5000	11,0135	,021	100	,984
SCHAM.JU	2,6351	2,6351	2,2143	2,2143	1,382	37,930	,175
SCHAM0	3,0405	3,0405	2,4286	2,4286	,404	100	,667
SCHAM1.g	42,2297	26,9350	39,6071	33,1499	,411	100	,682
SCHAM2.g	51,0135	28,9802	35,8214	30,4534	2,330	100	,022*
SCHAM3.g	55,5135	28,9526	49,7143	28,3625	,908	100	,366

Männliche wie weibliche Pbn geben in den Skalen Gesamtbelastung, Intensität und Unsicherheit messbare Belastungen an, bei den Männern kommt noch Depression hinzu (T-Werte > 60).

Alter

Die drei Schamreaktionen werden durch das Alter der Pbn nicht signifikant beeinflusst. Eine leichte Tendenz ist bei Scham2.G (Opfer) zu verzeichnen. Da sich Männer und Frauen bezüglich des Reaktionstyps *Opfer* unterscheiden (s.o.) werden die Mittelwerte der Alters- und Geschlechtsgruppen genauer betrachtet (Tab. 19).

Tabelle 19: Mittlere Ränge der Schamreaktionen abhängig vom Alter (Kruskal-Wallis-Test)

	ALTER	N	Mittlerer Rang
SCHAM1.G	unter 21	7	52,21
	21-30	51	55,06
	31-40	20	48,85
	41-50	15	47,33
	51-60	5	32,60
	61 und älter	4	57,38
	Gesamt	102	
SCHAM2.G	unter 21	7	48,93
	21-30	51	57,48
	31-40	20	51,00
	41-50	15	41,73
	51-60	5	24,00
	61 und älter	4	53,25
	Gesamt	102	
SCHAM3.G	unter 21	7	51,07
	21-30	51	55,19
	31-40	20	50,83
	41-50	15	39,60
	51-60	5	47,60
	61 und älter	4	58,13
	Gesamt	102	

	SCHAM1.G	SCHAM2.G	SCHAM3.G
Chi-Quadrat	3,399	8,113	3,518
df	5	5	5
Asymptotische Signifikanz	,639	,150	,621

Tabelle 20: Mittlere Ränge der Schamreaktionen weiblicher Pbn, abhängig vom Alter (Kruskal-Wallis-Test)

	ALTER	N	Mittlerer Rang
SCHAM1.G	unter 21	7	37,07
	21-30	36	43,14
	31-40	15	36,63
	41-50	9	22,83
	51-60	4	26,75
	61 und älter	3	33,50
	Gesamt	74	
SCHAM2.G	unter 21	7	32,14
	21-30	36	47,13
	31-40	15	37,07
	41-50	9	15,06
	51-60	4	17,50
	61 und älter	3	30,67
	Gesamt	74	
SCHAM3.G	unter 21	7	36,71
	21-30	36	42,47
	31-40	15	39,10
	41-50	9	18,72
	51-60	4	28,88
	61 und älter	3	39,50
	Gesamt	74	

	SCHAM1.G	SCHAM2.G	SCHAM3.G
Chi-Quadrat	7,796	21,227	9,550
df	5	5	5
Asymptotische Signifikanz	,168	,001	,089

Es zeigt sich, dass die typische Schamreaktion „Opfer“ (SCHAM2.G) durch das Alter der Frauen hochsignifikant beeinflusst wird (1%-Niveau). Die jüngeren weiblichen Pbn (bis 40 Jahre) geben die höchsten Werte an, Frauen im Alter von 41–50 Jahren weisen die niedrigsten mittleren Ränge auf. Außerdem ist eine altersabhängige Tendenz der Frauen bei den Schamreaktionen des Situationstyps „Täterin“ zu verzeichnen (8,9%-Niveau). Die Messwerte verlaufen analog zu den eben genannten mittleren Rängen des Schamreaktionstyps *Opfer*. Weibliche Pbn des Schamreaktionstyps *Unsichere(r)* weisen bezogen auf ihr Alter keine signifikanten unterschiedlichen Werte auf.

Schamreaktionen von Frauen in Abhängigkeit ihres Alters

Es zeigt sich, dass Frauen zwischen 21 und 30 Jahren die stärksten Mittelwerte in den drei Schamreaktionen aufweisen (s. Tab. 21). Etwa bis zur Mitte ihres Lebensalters (41–50 Jahre) nimmt das Ausmaß der Schamreaktionen dann ab und steigt umgekehrt mit zunehmendem Alter wieder an. Dargestellt im Diagramm ergibt sich annähernd eine U-Form (s. Abb. 4a).

Im Unterschied zu den Frauen geben Männer über 61 Jahre in dieser Studie die höchsten Schamwerte an. Dieser Befund kann jedoch lediglich als Trendwert gewichtet werden, da die Anzahl der Vpn (28 Männer) zu gering und die Verteilung in den Gruppen unterschiedlich ist.

Abbildung 4a: Mittelwerte SCHAM.G (Schamgesamt) abhängig vom Alter der weiblichen Pbn

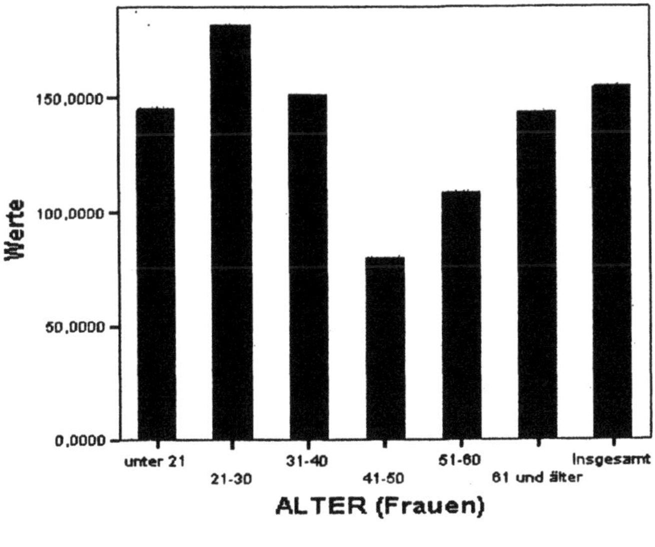

Abbildung 4b: Vergleich: Mittelwerte SCHAM.G (Schamgesamt) abhängig vom Alter der männlichen Pbn

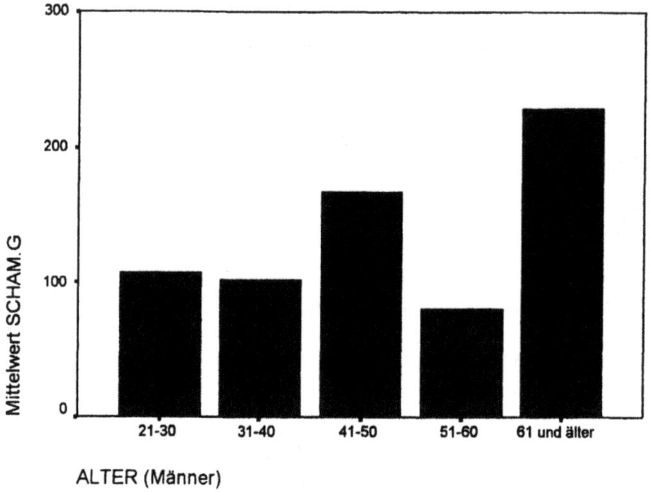

Tabelle 21: Mittelwerte der Schamreaktionen der weiblichen Pbn, abhängig vom Alter

ALTER		SCHAM1.G	SCHAM2.G	SCHAM3.G
unter 21	Mittelwert	39,2857	44,1429	57,1429
	N	7	7	7
	Standardabweichung	26,1388	24,4160	27,6371
21-30	Mittelwert	49,3333	63,8333	62,1667
	N	36	36	36
	Standardabweichung	25,9163	26,9428	28,2727
31-40	Mittelwert	40,5333	50,1333	56,2000
	N	15	15	15
	Standardabweichung	23,7934	28,0608	27,3370
41-50	Mittelwert	24,3333	22,2222	30,4444
	N	9	9	9
	Standardabweichung	24,0468	17,7044	21,2962
51-60	Mittelwert	34,2500	23,5000	46,5000
	N	4	4	4
	Standardabweichung	45,0213	17,0978	44,2455
61 und älter	Mittelwert	36,6667	40,6667	55,6667
	N	3	3	3
	Standardabweichung	28,0238	20,5994	23,1157
Insgesamt	Mittelwert	42,2297	51,0135	55,5135
	N	74	74	74
	Standardabweichung	26,9350	28,9802	28,9526

Formale Bildung

Hinsichtlich der Schulbildung bzw. des Schulabschluss machen die Probanden keine signifikant unterschiedlichen Angaben zur Stärke ihrer Schamreaktionen (Tab. 22).

Lebensform

Die Schamreaktionen werden weder vom Familienstand noch vom Zusammenleben im Haushalt beeinflusst (Tab. 23 und 24).

Finanzielle Lage

Hinsichtlich ihrer finanziellen Lage machen die Pbn keine signifikant-unterschiedlichen Angaben (Tab. 25 und 26).

Sind bei den Angaben der verschiedenen Berufsgruppen zum Schamreaktionstyp *Opfer* (Scham2.g) keine Unterschiede auszumachen, so zeigen sich in den Angaben zum Schamreaktionstyp *Unsichere(r)* (Scham1.g) signifikante (1%-Niveau) und beim Schamtyp *Täter(in)* (Scham3.g) tendenzielle Differenzen (p = 7,9%) zwischen den Gruppen. In Tabelle 26 wird ersichtlich, dass die Gruppen der Selbständigen und der „Anderen" die höchsten Mittelwerte im Vergleich zu den weiteren Berufsgruppen aufweisen. Die Gruppe der Beamten wiederum gibt die niedrigsten Werte an. Es ist aber zu berücksichtigen, dass die Anzahl der Personen in den einzelnen Berufsgruppen teilweise gering und unterschiedlich verteilt ist.[68] (s. Tab. 27, unten).

Eigene Anmerkungen

10 der 15 Probanden aus anderen Kulturkreisen geben ihre Herkunft an.

Häufig geben Vpn verschiedene, ergänzende physiologische Körperreaktionen (z.B. Kloß im Hals, feuchte Hände, Harndrang etc.) an.

Bei der Schamreaktion des Situationstyps *Opfer* wird als Gefühlsreaktion 13 Mal Wut/Ärger benannt. Diese Gefühlsreaktion hatte sich in der Voruntersuchung

---

[68] Nur je 2 Teilnehme(innen) bei den Gruppen Hausfrau, leit. Angestellte, Beamte und sonstige Arbeiter, dagegen 35 Pbn bei der Gruppe der Angestellten.

nicht als bedeutender Faktor herausgestellt und ist auch in dieser Befragung nur tendenziell von Bedeutung.

Ergänzende Kategorien zu den derzeit bestehenden Bewertungen sind nicht ersichtlich bzw. erforderlich (s. Anhang).

Eine Übersicht über die Anmerkungen und Ergänzungen der Pbn ist dem Anhang zu entnehmen.

Tabelle 22: Mittlere Ränge der Schamreaktionstypen in Abhängigkeit von der Schulbildung (Kruskal-Wallis-Test)

	SCHULE	N	Mittlerer Rang
SCHAM1.G	kein Abschl.	1	34,50
	Haupt	6	31,83
	Real	25	57,88
	Abitur	59	49,98
	Studium	10	56,55
	anderer Abschluß	1	66,00
	Gesamt	102	
SCHAM2.G	kein Abschl.	1	51,00
	Haupt	6	24,25
	Real	25	52,18
	Abitur	59	52,98
	Studium	10	55,90
	anderer Abschluß	1	67,00
	Gesamt	102	
SCHAM3.G	kein Abschl.	1	66,50
	Haupt	6	40,17
	Real	25	46,06
	Abitur	59	54,91
	Studium	10	47,65
	anderer Abschluß	1	78,00
	Gesamt	102	

	SCHAM1.G	SCHAM2.G	SCHAM3.G
Chi-Quadrat	4,832	5,749	3,737
df	5	5	5
Asymptotische Signifikanz	,437	,331	,588

Tabelle 23: Mittelwertvergleiche der Schamreaktionen abhängig vom Familienstand (einfaktorielle Varianzanalyse Manova)

		Quadratsumme	df	Mittel der Quadrate	F	Signifikanz
SCHAM1.G	Zwischen den Gruppen	1491,383	3	497,128	,599	,617
	Innerhalb der Gruppen	81280,107	98	829,389		
	Gesamt	82771,490	101			
SCHAM2.G	Zwischen den Gruppen	1592,774	3	530,925	,582	,628
	Innerhalb der Gruppen	89444,717	98	912,701		
	Gesamt	91037,490	101			
SCHAM3.G	Zwischen den Gruppen	1372,658	3	457,553	,545	,652
	Innerhalb der Gruppen	82222,714	98	839,007		
	Gesamt	83595,373	101			

Tabelle 24: Mittelwertvergleiche der Schamreaktionstypen zwischen den unterschiedlichen Haushaltsgruppen (einfaktorielle Varianzanalyse Manova)

		Quadratsumme	df	Mittel der Quadrate	F	Signifikanz
SCHAM1.G	Zwischen den Gruppen	839,152	2	419,576	,507	,604
	Innerhalb der Gruppen	81932,338	99	827,599		
	Gesamt	82771,490	101			
SCHAM2.G	Zwischen den Gruppen	2705,454	2	1352,727	1,516	,225
	Innerhalb der Gruppen	88332,036	99	892,243		
	Gesamt	91037,490	101			
SCHAM3.G	Zwischen den Gruppen	1879,384	2	939,692	1,138	,324
	Innerhalb der Gruppen	81715,989	99	825,414		
	Gesamt	83595,373	101			

Tabelle 25: Mittelwertvergleiche der Schamreaktionstypen zwischen den verschiedenen Gehaltsgruppen (einfaktorielle Varianzanalyse Manova)

		Quadratsumme	df	Mittel der Quadrate	F	Signifikanz
SCHAM1.G	Zwischen den Gruppen	1964,419	2	982,209	1,203	,305
	Innerhalb der Gruppen	80807,072	99	816,233		
	Gesamt	82771,490	101			
SCHAM2.G	Zwischen den Gruppen	211,043	2	105,522	,115	,891
	Innerhalb der Gruppen	90826,447	99	917,439		
	Gesamt	91037,490	101			
SCHAM3.G	Zwischen den Gruppen	2951,142	2	1475,571	1,811	,169
	Innerhalb der Gruppen	80644,231	99	814,588		
	Gesamt	83595,373	101			

Tabelle 26: Mittlere Ränge der Schamreaktionstypen abhängig von den Berufsgruppen (Kruskal-Wallis-Test)

	BERUFSGR	N	Mittlerer Rang
SCHAM1.G	freier Ber.	14	42,43
	sonst. Arb.	2	47,50
	leit. Angest.	2	43,25
	Andere	9	70,17
	Angestellt	35	45,73
	selbstständig	5	95,40
	Beamte(r)	2	14,75
	Schüler/Stud.	31	54,52
	Hausfrau	2	24,50
	Gesamt	102	
SCHAM2.G	freier Ber.	14	41,54
	sonst. Arb.	2	31,75
	leit. Angest.	2	55,00
	Andere	9	66,11
	Angestellt	35	48,07
	selbstständig	5	69,90
	Beamte(r)	2	16,25
	Schüler/Stud.	31	56,03
	Hausfrau	2	50,75
	Gesamt	102	
SCHAM3.G	freier Ber.	14	43,82
	sonst. Arb.	2	21,75
	leit. Angest.	2	29,50
	Andere	9	72,61
	Angestellt	35	49,16
	selbstständig	5	66,10
	Beamte(r)	2	15,75
	Schüler/Stud.	31	55,71
	Hausfrau	2	37,00
	Gesamt	102	

	SCHAM1.G	SCHAM2.G	SCHAM3.G
Chi-Quadrat	22,510	10,676	14,121
df	8	8	8
Asymptotische Signifikanz	,004	,221	,079

Tabelle 27: Ausmaß der Schamreaktionen innerhalb der verschiedenen Berufsgruppen

BERUFSGR		SCHAM1.G	SCHAM2.G	SCHAM3.G
freier Ber.	Mittelwert	34,0000	38,2857	46,5714
	N	14	14	14
	Standardabweichung	28,8817	35,6293	28,5407
sonst. Arb.	Mittelwert	35,0000	29,0000	24,5000
	N	2	2	2
	Standardabweichung	7,0711	35,3553	34,6482
leit. Angest.	Mittelwert	31,5000	50,5000	33,5000
	N	2	2	2
	Standardabweichung	24,7487	44,5477	6,3640
Andere	Mittelwert	61,6667	62,8889	77,4444
	N	9	9	9
	Standardabweichung	33,8526	36,9034	31,9887
Angestellt	Mittelwert	34,6286	42,3429	50,5714
	N	35	35	35
	Standardabweichung	22,6366	26,1027	26,3977
selbstständig	Mittelwert	99,2000	64,2000	66,8000
	N	5	5	5
	Standardabweichung	30,9063	23,0911	39,7894
Beamte(r)	Mittelwert	10,5000	11,0000	17,0000
	N	2	2	2
	Standardabweichung	10,6066	12,7279	21,2132
Schüler/Stud.	Mittelwert	42,0968	51,8065	58,6129
	N	31	31	31
	Standardabweichung	22,1139	29,0567	25,0435
Hausfrau	Mittelwert	18,0000	43,0000	40,0000
	N	2	2	2
	Standardabweichung	1,4142	5,6569	31,1127
Insgesamt	Mittelwert	41,5098	46,8431	53,9216
	N	102	102	102
	Standardabweichung	28,6273	30,0227	28,7694

3.3.5.3.1. Schambelastungen in der Kindheit und Jugend

Die Ergebnisse der Erhebungen von Derogatis (1977) bzw. Franke (BR Deutschland, 1992) werden mit den beiden Unterstichproben *der* Pbn verglichen, die in ihrer Kindheit und Jugend durchschnittlich höhere bzw. niedrigere Werte ankreuzen (SCHAM.JU > M (2,52) bzw. SCHAM.JU $\leq$ M).

Tabelle 28: Vergleich SCL-90-R -Rohwerte mit den Stichproben „Normal" Gesunde und Ambulante Psychiatriepatienten (Derogatis, 1977), Scham in der Kindheit/Jugend > M ≥ Kindheit/Jugend

Variable	Ambulante Psychiatrie-patienten N = 1002 (Derogatis)		„Normal" Gesunde N = 974 (Derogatis)		SCHAM.JU ≤ 2,52 (M) N = 48		SCHAM.JU > 2,52 (M) N = 54	
	M	SD	M	SD	M	SD	M	SD
RAGGRESS	1,10	0,93	0,30	0,40	,58	,62	,92	,78
RANGST	1,47	0,88	0,30	0,37	,47	,44	,86	,57
RDEPRESS	1,79	0,94	0,36	0,44	,69	,73	1,30	,81
RGSI	1,26	0,68	0,31	0,31	,53	,41	,91	,61
RPARANOI	1,16	0,92	0,34	0,44	,65	,60	1,11	,60
RPHOBIE	0,74	0,80	0,13	0,31	,33	,52	,63	,51
RPSDI	2,14	0,58	1,32	0,42	1,44	,44	1,77	,39
RPST	50,1	18,98	19,29	15,48	30,40	15,47	46,54	17,39
RPSYCHOT	0,94	0,70	0,14	0,25	,26	,31	,62	,67
RSOMA	0,87	0,75	0,36	0,42	,47	,40	,81	,73
RUNSICHER	1,41	0,89	0,29	0,39	,68	,50	1,29	,78
RZWANG	1,47	0,91	0,39	0,45	,61	,43	,94	,49

Es zeigt sich, dass die Pbn, die in ihrer Kinder- und Jugendzeit stärker unter Scham gelitten haben, ähnlich hohe Belastungen nennen wie die ambulanten Psychiatriepatienten in der o.g. Stichprobe. Errechnete T-Tests machen deutlich, dass in den Subskalen der SCL-90-R zwischen den beiden Gruppen SCHAM.JU > 2,52 und SCHAM.JU ≤ 2,52 hochsignifikante Mittelwertunterschiede (1%-Niveau) in den Skalen Unsicherheit, Zwanghaftigkeit, Ängstlichkeit, phobische Angst und Psychotizismus bestehen und signifikante Unterschiede (5-%-Niveau) in den Skalen Aggressivität, Somatizismus und Gesamtbelastung (GSI) zu verzeichnen sind.

Keine nennenswerten Unterschiede zwischen den beiden Gruppen ergeben sich in den Symptomkategorien Depression, Paranoia und den globalen Kennwerten PSDI (Intensität), PST (Anzahl positiv angekreuzter Items) (Tab. 28).

Tabelle 29: Vergleich „Normal" Gesunde (Derogatis) ./. Pbn ohne Schambelastung in der Jugend

Variable*	„Normal" Gesunde N = 974		SCHAM.JU = 0 N = 6	
	M	SD	M	SD
RAGGRESS	,30	,40	,4167	,2528
RANGST	,30	,37	,2667	,3011
RDEPRESS	,36	,44	,2692	,3235
RGSI	,31	,31	,3235	,2604
RPARANOI	,34	,44	,3889	,4037
RPHOBIE	,13	,31	,0952	,1166
RPSDI	1,32	,42	1,212	,1981
RPST	19,29	15,48	21,83	13,24
RPSYCHOT	,14	,25	,1167	,0982
RSOMA	,36	,42	,4444	,3825
RUNSICHER	,29	,39	,4444	,3849
RZWANG	,39	,45	,4697	,5646

*Rohwerte

Augenscheinlich ist, dass die Personen mit geringen Schamwerten in der Kindheit und Jugend, annähernd gleiche Angaben machen wie die Pbn der „Normal" Gesunden (s. Derogatis, 1977). Besonders deutlich wird dies in Tabelle 29, in der *die* 6 Personen aufgeführt sind, die angeben, dass sie in ihrer Kind- und Jugendzeit überhaupt nicht unter Scham gelitten haben.

Das Ausmaß der Schamreaktionen, bezogen auf die Schambelastungen in der Kindheit/Jugend

Je intensiver Personen in ihrer Kindheit und Jugend unter Schambelastungen gelitten haben, desto stärkere Schamreaktionen (Typ 1, 2 und 3) geben sie heute an. Die Unterschiede sind nicht zufällig, die Gruppen unterscheiden sich hochsignifikant. Erwartungsgemäß zeigen sich in der Kontrollvariablen (Scham0) keine bedeutenden Differenzen (s. Tab. 30 und 31).

Tabelle 30: Das Ausmaß der Schamreaktionen abhängig von den Schambelastungen in der Kindheit/Jugend

SCHAM.JU		SCHAM0	SCHAM1.G	SCHAM2.G	SCHAM3.G
,00	Mittelwert	,3333	13,5000	13,6667	25,8333
	N	6	6	6	6
	Standardabweichung	,8165	16,1957	18,9912	31,8146
1,00	Mittelwert	,2000	27,7333	36,0667	44,1333
	N	15	15	15	15
	Standardabweichung	,5606	20,7380	28,9543	28,1777
2,00	Mittelwert	1,3333	29,4444	38,0370	43,6667
	N	27	27	27	27
	Standardabweichung	3,2817	17,1247	24,6865	26,1769
3,00	Mittelwert	4,6071	44,5000	51,0714	57,8929
	N	28	28	28	28
	Standardabweichung	9,5504	20,7105	28,7775	26,9201
4,00	Mittelwert	4,7308	65,2308	65,3077	72,4231
	N	26	26	26	26
	Standardabweichung	7,8310	34,5651	27,9196	21,6188
Insgesamt	Mittelwert	2,8725	41,5098	46,8431	53,9216
	N	102	102	102	102
	Standardabweichung	6,7979	28,6273	30,0227	28,7694

Tabelle 31: Ausmaß der Schamreaktionen, abhängig von Schambelastungen in der Kindheit/Jugend (Anova)

		Quadratsumme	df	Mittel der Quadrate	F	Signifikanz
SCHAM0	Zwischen den Gruppen	383,816	4	95,954	2,173	,078
	Innerhalb der Gruppen	4283,527	97	44,160		
	Gesamt	4667,343	101			
SCHAM1.G	Zwischen den Gruppen	26364,775	4	6591,194	11,335	,000
	Innerhalb der Gruppen	56406,715	97	581,513		
	Gesamt	82771,490	101			
SCHAM2.G	Zwischen den Gruppen	19804,865	4	4951,216	6,742	,000
	Innerhalb der Gruppen	71232,625	97	734,357		
	Gesamt	91037,490	101			
SCHAM3.G	Zwischen den Gruppen	18351,781	4	4587,945	6,821	,000
	Innerhalb der Gruppen	65243,591	97	672,614		
	Gesamt	83595,373	101			

3.3.5.4. Typische Schamreaktionen psychisch belasteter und unbelasteter Probanden

Tabellen 32–39 zeigen signifikante Ergebnisse der T-Tests (SCL-90-R-Subskalen: 60 ≤ T-Wert < 60), p ≤ 1%.

Tabelle 32: Signifikante Schamreaktionsunterschiede zwischen aggressiven und nichtaggressiven Pbn

Variable	AGGRESS				Vergleich der Mittelwerte	
	T-Wert < 60 (N = 55)		T-Wert ≥ 60 (N = 47)			
	M	SD	M	SD	t	p
SCHAM1.g	32,1636	22,2833	52,4468	31,4614	3,796	,000
SCHAM3.g	46,3455	30,1933	62,7872	24,4575	2,988	,004

Tabelle 33: Signifikante Schamreaktionsunterschiede zwischen ängstlichen und nichtängstlichen Pbn

Variable	ANGST				Vergleich der Mittelwerte	
	T-Wert < 60 (N = 52)		T-Wert ≥ 60 (N = 50)			
	M	SD	M	SD	t	p
SCHAM1.g	29,3654	20,3961	54,1400	30,6095	4,828	,000
SCHAM2.g	35,3462	25,1933	58,8000	30,1851	4,267	,000
SCHAM3.g	42,9808	28,7132	65,3000	24,2649	4,232	,000

Tabelle 34: Signifikante Schamreaktionsunterschiede zwischen depressiven und nichtdepressiven Pbn

Variable	DEPRESS				Vergleich der Mittelwerte	
	T-Wert < 60 (N = 41)		T-Wert ≥ 60 (N = 61)			
	M	SD	M	SD	t	p
SCHAM1.g	31,2593	21,6544	53,0417	31,2376	4,129	,000
SCHAM2.g	38,2222	26,6194	56,5417	30,9268	3,215	,002

Tabelle 35: Signifikante Schamreaktionsunterschiede zwischen gesamtbelasteten und weniger gesamtbelasteten Pbn

Variable	**GSI**				**Vergleich der Mittelwerte**	
	T-Wert < 60 (N = 55)		**T-Wert ≥ 60 (N = 47)**			
	M	**SD**	**M**	**SD**	**t**	**p**
SCHAM1.g	29,8780	22,0411	49,3279	30,0176	3,553	,001
SCHAM2.g	35,0976	25,7389	54,7377	30,2985	3,405	,001
SCHAM3.g	43,0976	30,4555	61,1967	25,3185	3,260	,002

Tabelle 36: Signifikante Schamreaktionsunterschiede zwischen paranoiden und nichtparanoiden Pbn

Variable	**PARANOIA**				**Vergleich der Mittelwerte**	
	T-Wert < 60 (N = 52)		**T-Wert ≥ 60 (N = 50)**			
	M	**SD**	**M**	**SD**	**t**	**p**
SCHAM1.g	31,0385	22,5014	52,4000	30,4115	4,044	,000

Tabelle 37: Signifikante Schamreaktionsunterschiede zwischen phobischen und nichtphobischen Pbn

Variable	**PHOBIE**				**Vergleich der Mittelwerte**	
	T-Wert < 60 (N = 60)		**T-Wert ≥ 60 (N = 42)**			
	M	**SD**	**M**	**SD**	**t**	**p**
SCHAM1.g	32,4667	22,5865	54,4286	31,5286	4,101	,000
SCHAM2.g	37,6333	25,5316	60,0000	31,3198	3,963	,000
SCHAM3.g	47,1167	31,3198	63,6429	27,7514	2,963	,004

Tabelle 38: Signifikante Schamreaktionsunterschiede zwischen Pbn mit hohen und niedrigen Intensitätsangaben in den Items

Variable	**PSDI**				**Vergleich der Mittelwerte**	
	T-Wert < 60 (N = 38)		**T-Wert ≥ 60 (N = 64)**			
	M	**SD**	**M**	**SD**	**t**	**p**
SCHAM1.g	31,7368	20,2667	47,3125	31,3176	2,741	,007

Tabelle 39: Signifikante Schamreaktionsunterschiede zwischen Pbn mit hoher und niedriger Anzahl positiv angegebener Items des SCL-90-R

Variable	**PSD**				**Vergleich der Mittelwerte**	
	T-Wert < 60 (N = 45)		**T-Wert ≥ 60 (N = 57)**			
	M	**SD**	**M**	**SD**	**t**	**p**
SCHAM1.g	29,3111	21,6110	51,1404	29,9520	4,114	,000
SCHAM2.g	35,8444	25,0599	55,5263	30,9563	3,462	,000
SCHAM3.g	44,2000	30,0391	61,5965	25,4536	3,165	,002

Auffällig ist, dass Personen mit signifikant höheren Mittelwerten in den drei Schamreaktionstypen SCHAM1.G (*Unsichere(r)*), SCHAM2.G (*Opfer*) und SCHAM3.G (*Täter(in)*) sich in den Skalen Ängstlichkeit, Phobische Angst, Unsicherheit und in den beiden globalen Messwerten PSD (Anzahl der positiv angekreuzten Items) und GSI (globale Gesamtbelastung) nicht wesentlich voneinander unterscheiden. Die belasteten Personen dieser SCL-90-R-Skalen geben signifikant höhere Schammittelwerte an.

Bei Vpn, die relevante Belastungen in den anschließenden Skalen aufweisen, lassen sich die folgenden signifikanten Schamreaktionsunterschiede feststellen:

Aggression: Für die Gruppe der „Aggressiven" lassen sich signifikant höhere Mittelwerte in den Typenskalen SCHAM1.G (*Unsichere(r)*) und SCHAM3.G (*Täter(in)*) berechnen. In der Skala SCHAM2.G (*Opfer*) sind keine Unterschiede zu verzeichnen.

Depression: Bei belasteten Personen im Bereich Depression finden sich signifikant höhere Mittelwerte in den Schamformen SCHAM1.G (*Unsichere(r)*) und SCHAM2.G (*Opfer*). In der Skala SCHAM3.G (*Täter(in)*) ergeben sich keine wesentlichen Differenzen zwischen den Gruppen.

Tabelle 40: Zusammenfassende Darstellung der signifikanten Scham-Mittelwertsunterschiede (vgl. Tab. 32–39) zwischen psychisch belasteten/unbelasteten Personen in den jeweiligen Skalen der SCL-90-R

	SCHAM1.G Unsichere(r)	SCHAM2.G Opfer	SCHAM3.G Täter(in)
AGGRESS	**	-	**
ANGST	**	**	**
DEPRESS	**	**	-
GSI	**	**	**
PARANOIA	**	-	-
PHOBIE	**	**	**
PSDI	**	-	-
PSD	**	**	**
PSYCHOT	**	**	-
SOMA	-	-	**
UNSICHER	**	**	**
ZWANG	**	-	-

p: Signifikanz (zweiseitige Prüfung) ** $\leq 0{,}01$

Paranoia: Personen, die Beschwerden in der Skala Paranoide Wahnvorstellungen aufweisen, zeigen beim Typ SCHAM1.G (*Unsichere(r)*) signifikant höhere Werte. Bei den anderen beiden Schamtypen (*Täter(in)* und *Opfer*) sind keine wesentlichen Unterschiede auszumachen.

Psychotizismus: Bei der Gruppe der belasteten Personen im Bereich Psychotizismus finden sich signifikant höhere Mittelwerte in den Typenskalen SCHAM1.G (*Unsichere(r)*) und SCHAM2.G (*Opfer*). In der Skala SCHAM3.G (*Täter(in)*) sind keine wesentlichen Differenzen festzustellen.

Somatisierung: Somatogen belastete und unbelastete Pbn lassen sich bezogen auf die Schamformen SCHAM1.G (*Unsichere(r)*) und SCHAM2.G (*Opfer*) nicht unterscheiden. Für somatisch belastete Individuen des Schamreaktionstyps SCHAM3.G (*Täter(in)*) werden signifikant höhere Mittelwerte berechnet.

Zwanghaftigkeit: Nur beim Schamreaktionstyp SCHAM1.G (*Unsichere(r)*) geben „zwanghafte" Personen signifikant höhere Werte an als die Gruppe der Nichtzwanghaften. Bei den Typen SCHAM3.G (*Täter(in)*) und SCHAM2.G (*Opfer*) lassen sich keine wesentlichen Differenzen zwischen den beiden Gruppen feststellen.

PSDI (globale Intensität): Die Individuen, die in den Skalen der SCL90-R global höhere Werte angeben, weisen in der Skala SCHAM1.G (*Unsichere(r)*) die signifikant höheren Mittelwerte auf. In den Kategorien SCHAM3.G (*Täter(in)*) und SCHAM2.G (*Opfer*) sind keine wesentlichen Unterschiede zu verzeichnen.

3.3.5.4.1. Schamform und „Schamsyndrom"

Individuen, die intensive Schamreaktionen der Dimensionen *Opfer*, *Täter(in)* oder *Unsicherheit* nennen, weisen klinisch relevante Belastungen in den Bereichen *Ängstlichkeit*, *Phobische Angst*, *Unsicherheit* und den beiden globalen Kennwerten PST und GSI auf. Diese unterschiedlichen symptomatischen Belastungen sind nicht auf Zufälligkeiten zurückzuführen. Nach den Befunden der vorliegenden Studie repräsentieren sie Kernbestandteile des Schamerlebens (s. Abb. 5).

Pbn, die starke Schamreaktionen des Situationstyps *Opfer* zeigen, weisen zusätzliche relevante Symptome im Bereich *Psychotizismus* und *Depression* auf. Personen, die intensive *Täter(in)*-Scham empfinden, zeigen Zusatzbelastungen in den Skalen *Aggression* und *Somatizismus*. Die meisten zusätzlichen Beschwerden (Aggression, Paranoides Denken, Psychotizismus, Zwanghaftigkeit, GSI) nennen Pbn, die Scham des Situationstyps *Unsichere(r)* erleben. Im Unterschied zu den anderen Vpn werden bei diesen Pbn höhere Werte in den Skalen *Paranoides Denken*, *Depression*, *Zwanghaftigkeit* und dem globalem Kennwert PSDI augenscheinlich (s. Abb. 5).

Abb. 5: Zusammenhänge zwischen den ereignisspezifischen Schamreaktionstypen Unsichere(r), Opfer, Täter(in) *und den Symptomskalen psychischer Belastungen*

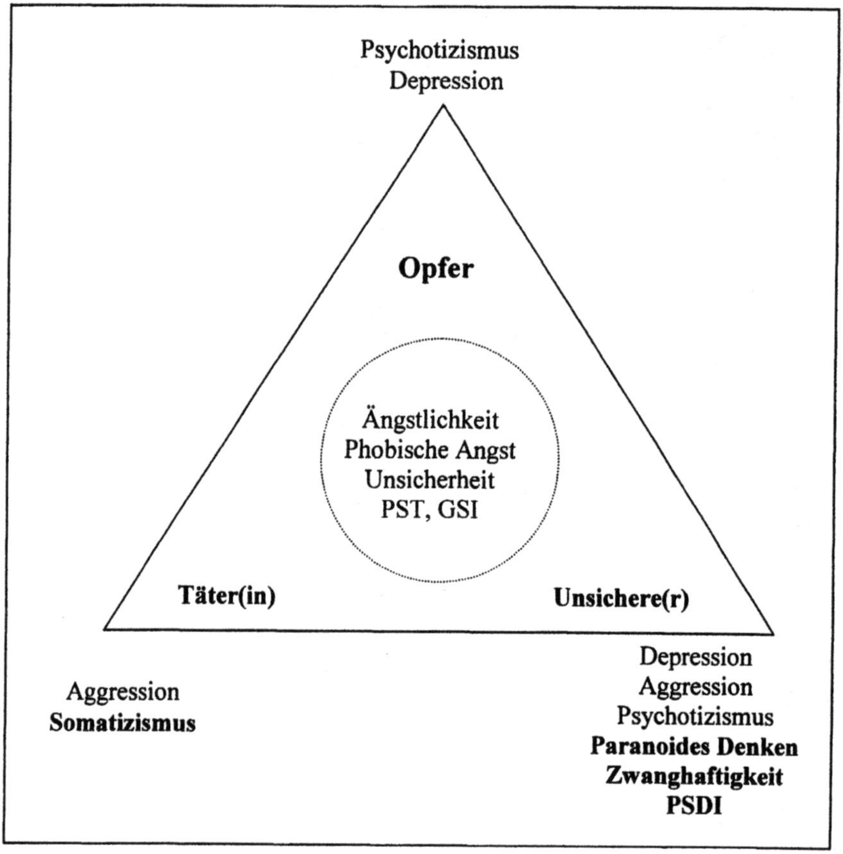

Anmerkung: PST = globale Anzahl der positiv angegebenen Items, GSI = globale Gesamtbelastung, PSDI = durchschnittliche Intensität der positiv angegebenen Items. Die eingekreisten Variablen zeigen die „Kernbestandteile („Basissyndrom") der Scham". Die fettgedruckten Bereiche heben die Unterschiede zwischen den Schamreaktionsdimensionen hervor.

3.3.5.5. Zusammenfassung

3.3.5.5.1. Komponenten

Die Befunde machen deutlich, dass physiologische Reaktionen, die Intensität der Schambelastung und vor allem internale, globale selbstwertbelastende Kognitionen die Basiskomponenten des emotionalen Schamerlebens repräsentieren. Mit Hilfe der aufgedeckten Komponenten können die drei ermittelten Schamdimensionen unterschieden werden: So geben Personen, die *Unsicherheits*-Scham erleben, die stärksten physiologischen Körperreaktionen an, Probanden die unter *Opfer*-Scham leiden, nennen höchste Werte in den Komponenten externale, globale, selbstwertbelastende Kognitionen über die Respektlosigkeit der anderen und den eigenen Gefühlsreaktionen Trauer/Niedergeschlagenheit. Individuen, die *Täter(in)*-Scham empfinden, weisen hohe Werte in den Komponenten internale, globale, selbstwertbelastende Kognitionen über die eigene Takt- und Respektlosigkeit und den Gefühlsreaktionen Trauer/Niedergeschlagenheit auf.

3.3.5.5.2. Determinanten

Die Ergebnisse dieser Untersuchung verdeutlichen, dass neben den oben beschriebenen Komponenten die Determinanten Geschlechtlichkeit, das Alter der weiblichen Vpn, die berufliche Tätigkeit und die Angaben über die Schambelastung in der Kindheit und Jugend das Schamerleben signifikant beeinträchtigen.

Weibliche Probanden, die Opferscham erleben, weisen bei diesem Schamtyp bedeutend höhere Werte als die männlichen Vpn auf. Wird das Alter betrachtet, so zeigt sich, dass Frauen zwischen 41 und 50 Jahren die niedrigsten Werte angeben. Graphisch betrachtet zeigt sich die Intensität des Schamreagierens der Frauen, abhängig vom Alter, als U-förmiger Kurvenverlauf. Das heißt, in dieser Stichprobe weisen die jüngeren und die älteren weiblichen Probanden die intensivsten Schamreaktionen auf.

Weiter wird aus den Ergebnissen der Untersuchung ersichtlich, dass die Berufsgruppe der Selbstständigen die höchsten und die Gruppe der Beamten die niedrigsten Schambelastungen aufweisen. Es ist jedoch zu berücksichtigen, dass die Anzahl der Personen in den einzelnen Berufsgruppen teilweise gering und unterschiedlich verteilt ist.

Die Determinante Scham in der Kindheit und Jugend beeinflusst erwartungsgemäß das aktuelle Schamerleben sowie die psychogenen, soziogenen und somatogenen Beeinträchtigungen der Vpn hochsignifikant. Pbn, die in ihrer Kinder- und Jugendzeit intensiveren Schambelastungen ausgesetzt waren, nennen nicht nur höhere aktuelle Schambelastungen in allen Dimensionen, sondern auch bedeutende Beeinträchtigungen in den Symptom-Skalen Unsicherheit, Zwanghaftigkeit, Ängstlichkeit, phobische Angst, Psychotizismus, Aggressivität und Somatizismus. Ihre Werte sind vergleichbar mit denen von Psychiatriepatienten.

Ein Einfluss auf das Schamerleben, der durch die Determinanten Finanzielle Lage, Familienstand, Lebensform und kulturelle Herkunft[69] bewirkt wurde, konnte in dieser Studie nicht nachgewiesen werden.

3.3.5.5.3. „Scham-Syndrom“ (Kaufmann, 1989)

Die in dieser Studie festgestellten symptomatischen Belastungen der Vpn in den Bereichen *Ängstlichkeit*, *Phobische Angst* und *Unsicherheit*[70] repräsentieren die Kernbestandteile der Emotion Scham, oder synonym, das „Scham-Basis-Syndrom“. Menschen, die hohe Schamwerte angeben, weisen signifikant hohe Belastungen in diesen Symptomskalen auf und umgekehrt.

Pbn, die starke Opferscham zeigen, weisen zusätzlich relevante Symptome im Bereich *Psychotizismus* und *Depression*, aber im Gegensatz zu den beiden anderen Schamformen keine relevanten Symptome in der Skala *Aggression* auf. Täterschamempfindende repräsentieren Zusatzbelastungen in den Skalen *Aggression* und *Somatizismus*, aber abweichend zu den beiden anderen Schamformen keine Belastungen in den Skalen *Depression* und *Psychotizismus*. Unsicherheitsschamempfindende weisen relevante Störungen in den Bereichen *Paranoides Denken*, *Depression*, *Zwanghaftigkeit*, *GSI* (globale Gesamtbelastung), *Aggression* und *Psychotizismus* auf.

---

[69] Einschränkung: Alle Vpn fremder kultureller Herkunft sind der deutschen Sprache mächtig und leben schon längere Zeit in Deutschland oder wurden in Deutschland geboren.

[70] Dazu kommen zwei globale Kennwerte der SCL-90-R: PSD und GSI.

IV. Diskussion

Ziel der Arbeit war die Ermittlung von Anlässen, Komponenten und Determinanten, die Schamempfindungen der Vpn auslösen bzw. beeinflussen können. Weiter wurde gefragt nach typischen, situationsabhängigen Schamreaktionen, die mögliche Zusammenhänge zwischen auslösenden Ereignissen und den Reaktionen der betroffenen Personen aufklären sollen. Um der Frage nach „Scham-Syndromen“ (Kaufmann, 1989) nachzugehen, wurden die ermittelten Schamreaktionstypen mit grundlegenden akuten psychogenen, soziogenen und somatogenen Symptomen klinisch relevanter Beeinträchtigungen der Vpn in Verbindung gesetzt.

Die Frage der Anfangsuntersuchung richtete sich darauf, relevante Beispiele für Situationen zu ermitteln, die Schamgefühlsregungen bei erwachsenen Individuen auslösen. Dazu wurde auf die anonyme, schriftliche, halbstrukturierte Befragung zurückgegriffen (Bortz, 1984).[71] Aus den eingegangenen Rückantworten (21 FB mit 68 Situationen) konnten 47 Situationen ermittelt werden, die in ihrer Vielfalt den zugrundegelegten literarischen Angaben und vor allem der umfangreichen Zusammenstellung von Anlässen, Komponenten und Formen der Scham, dargestellt bei Buss (1980), sowie den Bereichen der inhaltlichen „Situations-facetten“, die vorrangig Borg, Scherer und Staufenbiel (1986) aufzeigen, entsprechen (s. II, 6.3.4.).

Wallpott & Scherers Hinweis auf die methodischen Schwierigkeiten, dass Schamgefühle hinsichtlich ihrer verbalen Äußerungen die am meisten verborgene bzw. kontrollierte Emotion darstelle, hatte in dieser schriftlichen Befragung keinen direkt erkennbaren Einfluss (s. I, 1.1.). Möglicherweise geben aber die geringe Rücklaufquote (35 %) und der hohe Frauenanteil der Stichprobe (72 %) doch einen Hinweis auf die oben beschriebenen Probleme.

Im zweiten Untersuchungsabschnitt wurden Schamdimensionen eruiert, indem Zusammenhänge zwischen Situationen und Schamreaktionen der Pbn analysiert wurden. Dazu wurde ein Bewertungsinventar entwickelt, das sich an den Befunden der ersten Untersuchung und an den in der Literatur beschriebenen Schamgefühlsreaktionen orientiert (s. II, 2.1. u. 6.0.). Die attributionstheoretischen Ansätze

---

[71] Standardisierte Inventare zur Eruierung von Schamereignissen konnten nicht aufgefunden werden.

der Aktualgenese von Emotionen im Allgemeinen (vgl. Weiner, 1986/1995; Schachter & Singer, 1962) und der Emotion Scham im Speziellen (A. Ellis, 1995; M. Lewis, 1995) fanden bei der Entwicklung des Bewertungsinventars besondere Berücksichtigung (vgl. III, 3.2.1.). Anschließend wurde aus den ermittelten Daten ein Schaminventar für den dritten Teil der Untersuchung erstellt.

In Abhängigkeit von der induzierten Emotionslage Scham, mittels der imaginären Vorstellung von 47 ereignisspezifischen Anlässen (Beurteilungsobjekten) und einer Kontrollsituation konnten durch die anschließenden multidimensionalen Faktorenanalysen der subjektiven Emotionseinschätzungen durch die Versuchspersonen drei statistisch bedeutsame Schamdimensionen ermittelt werden: *Opfer-*, *Täter-* und *Unsicherheitsscham.*

Das Individuum sieht sich selbst, je nach typischem Anlass, als *Unsichere(r)*, *Opfer* oder *Täter(in)*. Die eingangs aufgestellten Hypothesen (1, 2 u. 3, s. III, 1.1) können bestätigt werden. Weiter zeigte sich, dass sich der Faktorenraum der ermittelten Schamdimensionen im wesentlichen aus den Schamformen aufbaut, die auch in der zugrundegelegten Literatur häufig beschrieben werden (vgl. Buss, 1980; Izard, 1981/1994; Borg, Scherer & Staufenbiel, 1985; M. Lewis, 1985; Wurmser, 1993; s. auch II, 6.3.4.). So entspricht die Schamform „Überschreitungen“ im wesentlichen dem Schamtyp *Täter(in)*. In dieser Dimension finden sich typische Beispiele für die vor allem von Weiner (1986,1995) und Borg et al. (1985) deklarierten „Situationsfacetten“ wieder: Die Person handelt intentional, kontrolliert und verantwortlich. Die ermittelte *Opfer*-Scham kommt weitgehendst der in der Literatur beschriebenen „Beschämung“ und dem Schamgefühls bei „Abweichungen“ gleich. Mehr als die Hälfte der Opferscham-Situationen können als „Prototypische Schamerlebnisse“ (Tomkins, 1963) angesehen werden. M. Lewis (1995) erläutert in diesem Zusammenhang, dass bestimmte Arten von Geschehnissen („Prototypische Situationen“) eine spezifische Ausrichtung auf das Selbst eher auslösen als andere Arten von Situationen. Beschämung wegen „Körperlichem“ ist demnach sehr schwer von der Vorstellung des gesamten Selbst zu trennen. Die beiden höchstladenden Faktoren dieser Dimension Sit.4 (In einer Gruppe werde ich in negativer Weise auf mein „Äußeres“ angesprochen [z.B. wegen Pickel im Gesicht, meiner Frisur, Körperbau ...]. Die anderen lachen) und Sit. 18 (Ein[e] Mitarbeiter[in] macht vor allen andere eine sexuell anstößige Bemerkung bezüglich meiner Person) belegen diese Theorie.

Die Schamreaktionen des Typs „Versagen/Misserfolg" finden mit Einschränkung ihre Entsprechung in der ermittelten *Unsicherheits*-Scham. Diese Dimension beschreibt vor allem Geschehnisse, in denen Persönlich-körperlich-Intimes des Subjekts öffentlich und sichtbar für andere wird. Das Individuum sieht sich als Unsichere(r), schwach, versagend, unkontrolliert, nicht potent und inkompetent. Es ist ihm/ihr peinlich, so „ohnmächtig und schwach" gesehen zu werden (vgl. III, 3.2.6.1.). Die Scham bei einem Misserfolg (s. vor allem Heckhausen, 1981, u. Heckhausen & Roelofsen, 1962), die in dieser Untersuchung durch die Situation 38 repräsentiert wurde (Bei einem sportlichem Wettkampf [z.B. schwimmen, laufen, tanzen, turnen, rudern, segeln...] bin ich der/die Verlierer[in]) trug in der Dimension Unsicherheits-Scham „nur" eine Ladung von ,50. Situation 34, die persönliches „Versagen" darstellt (Ich möchte mit meine [r/m] Partner[in] schlafen und bin plötzlich impotent), lud im Faktor „Unsicherheit" wiederum hoch mit ,85. Wird jedoch berücksichtigt, dass „hohe Ladungen" angenommen werden können bei einem Wert ≥ 0.5 (vgl. Backhaus, Erichson, Plinke & Weiber, 1994), dann umfasst die in dieser Studie ermittelte Schamdimension *Unsicherheit* ebenso den Bereich Misserfolg. Auch bei der Schamform *Unsicherheit* tragen einige „Prototypische Situationen" (s.o.) hohe Ladungen. Im Gegensatz zum Schamreaktionstyp *Opfer* handelt es sich aber bei den Geschehnissen eher um Zufälle. Das bedeutet, dass die Person nicht missbraucht, beobachtet oder angesprochen, sondern zufällig, irrtümlich, versehentlich überrascht wurde.

Die in der Literatur oft beschriebenen Lebensbereiche der Körperscham, sexuellen oder geschlechtlichen Scham bildeten in dieser Untersuchung keine eigenen Dimensionen der Scham. Je nach den Situationsbeschreibungen, ob die Person missbraucht, beobachtet, angesprochen oder zufällig, versehentlich überrascht wurde (s.o.), laden die Ereignisbeschreibungen der körperlichen, sexuellen und geschlechtlichen Scham in den Dimensionen *Opfer*- bzw. *Unsicherheits*-Scham. Diese Eingruppierungen entsprechen weitgehend den Ausführungen von Buss (1980).

Für den dritten Teil der Untersuchung konnte ein reduziertes Erhebungsinventar entwickelt werden mit sechs typischen, ereignisspezifischen Anlässen, die die drei Schamdimensionen (s. o.) repräsentieren. Zusätzlich wurde die Kontrollsituation (s.o.) hinzugefügt. Für diese Beurteilungsmerkmale konnten 18 Items mit 6 Kategorien: Intensität, Physiologische Reaktion, Kognitionen – a, – b und – c (drei selbstwertbelastende Kognitionsdimensionen), Stimmungs-/Gefühlsreaktion erarbeitet werden.

Der dritte Teil der empirischen Untersuchung setzte sich entsprechend den eingangs formulierten Hypothesen (4, 5, 6, 7, 8 und 9) mit den folgenden Fragen auseinander: Was beinhalten Schamreaktionen? Welche Komponenten gibt es? Wodurch werden Schamgefühle beeinflusst? Gibt es Zusammenhänge zwischen dem Ausmaß von Schamreaktionen und den subjektiven, akuten, psychogenen, somatogenen und soziogenen Belastungen der Individuen?

Die Fragestellungen richteten sich sowohl auf die allgemeinen Schamgefühlsregungen als auch auf die oben ermittelten situationsabhängigen Dimensionen der Schamreaktion *Opfer-*, *Täter(in)-* und *Unsicherheits*-Scham.

Die Ergebnisse verdeutlichen, dass es neben der Komponente Intensität des Schamerlebens vor allem zwei zusätzlichen Komponenten gibt, die in allen drei Dimensionen *Opfer-*, *Täter(in)-* und *Unsicherheits*-Scham ähnlich stark repräsentiert sind:[72] Physiologische Reaktionen und Kognitionen (a), die vorrangig auf internalen, globalen, selbstwertbelastenden Attribuierungsstilen basieren. Es bleibt festzuhalten, dass die drei Merkmalskategorien *Intensität, Physiologische Reaktionen und Kognitionen (a)*[73] in dieser Studie die **Basiskomponenten des emotionalen Schamerlebens** repräsentieren. Die Befunde stehen in Übereinstimmung mit den beiden zum Teil gegensätzlichen Emotionstheorien von Weiner (1986, 1995) und Schachter & Singer (1962). In beiden kognitiven Emotionstheorien wird angenommen, dass insbesondere der Einfluss von Kausalattributionen an der Aktualgenese von Emotionen beteiligt ist (vgl. auch Beck, 1986; A. Ellis, 1995; Heider, 1958; M. Lewis, 1995). Es gibt aber wichtige Unterschiede zwischen den Theorien von Schachter und Weiner: So ist eine physiologische Erregung nach Weiners Theorie nicht unbedingt notwendig, da die Situationsmerkmale interpretiert und eingeschätzt werden, was je nach Attributtionsstil bzw. Kontrollierbarkeit und Verantwortlichkeit (Weiner, 1995) die Emotion auslöst (vgl. auch Borg et al., 1985; Buss, 1980; Roos, 1989; Semin, 1981). Nach Schachters Theorie ist eine echte Emotion *ohne* Erregung jedoch nicht vorstellbar, da erst die vermutete Ursache für die physiologische Erregtheit das *„label"* für eine Emoti-

[72] Für Kognitionen – a errechnete sich im Vergleich zu den beiden anderen Schamtypen ein etwas niedrigerer Median in der Schamdimension Unsicherheit.

[73] Internale, globale selbstwertbelastende Attribuierungen

on, z. B. Scham, liefert (vgl. Mandl et al., 2000). Bei näherer Inspektion der Befunde wird aber deutlich, dass sich die drei typischen Schamreaktionen bezüglich der Komponenten unterscheiden. Stärkste physiologische Körperreaktionen geben Individuen an, die **Unsicherheitsscham** erleben. Diese typische Reaktionsweise unterstreicht im wesentlichen die Theorie von Schachter & Singer (1962)[74]: Die betroffene Person ist physiologisch erregt und empfindet diesen Zustand als Belastung. Sie nimmt eine internale, globale Kausalattribution vor, indem sie denkt: „Ich bin erregt, rot im Gesicht, schwitze etc., *weil* ich mich unsicher, schwach, inkompetent usw. vor anderen zeige. Das ist mir peinlich." Infolgedessen reagiert die betroffene Person mit Unsicherheitsscham (vgl. auch Asendorpf, 1989). Die „mutmaßliche" physiologische Erregung des Individuums ist bei diesem Schamtyp in den meisten Fällen eine notwendige Bedingung.

Unter **Opferscham** leidende Personen nennen zusätzlich zu den Basiskomponenten (s. o.) hohe Werte in den Komponenten externale, globale Attribuierung (über die Respektlosigkeit der anderen) und der Stimmungs- bzw. Gefühlskomponente Trauer/Niedergeschlagenheit. Diese Ergebnisse entsprechen den von Geppert & Heckhausen (1989) konstatierten zentralen Kognitionen der negativen Selbstbeurteilung mit den Bewertungen: Ungehörigkeit, Unzulänglichkeit, Würdelosigkeit und der Antizipation der Verachtung durch wichtige andere Personen. Ulich & Mayring (1992) und Leon Wurmser (1993) u. a. geben zudem einen Hinweis darauf, dass sich die „beschämte" Person als kognitiv unfähig, inkompetent und keine Erklärung sieht, woraus sich eine Begründung für den externalen, globalen Attribuierungsstil über die Respektlosigkeit der anderen,[75] kombiniert mit den Basiskomponenten und der anschließenden Trauer-/Niedergeschlagenheitskomponente (Resignation) ableiten lässt: Menschen, die unter intensiver Opferscham leiden, zeigen im Gegensatz zu den beiden anderen Schamtypen weniger aggressive Reaktionen (vgl. III, 3.3.5.4, Tab. 44).

Auch das **Täter(in)-Schamgefühl** beinhaltet zusätzlich zu den o.g. Basiskomponenten die Bereiche Trauer/Niedergeschlagenheit und internale, globale, selbstwertbelastende Attribuierung über die eigene Takt- u. Respektlosigkeit. Mit dieser Komponente der selbstwertbelastenden Kausalattribuierung repräsentiert diese

---

[74] Auch Geppert & Heckhausen (1989) gehen davon aus, dass physiologische Erregungszustände durch kognitive Informationsprozesse als Schamregung erlebt werden können.

[75] Diese Gedanken lösen bei den Bertoffenen jedoch keine aggressiven Reaktionen bzw. Handlungsimpulse aus (s. III, Tab. 35).

Dimension *diejenigen* Schamempfindungen, die aufgrund von „Gewissensbissen" und Schuld gegenüber anderen von Darwin (1871/1970), Izard (1981/1994); Neckel (1991) und Berner (1998) u. a. beschrieben wurden (s. a. II, 2.2.5.1). Trauer und Niedergeschlagenheit der Betroffenen ist dann die anschließende Reaktion.

Auf Grund der Resultate behalten die beiden Eingangshypothesen Nr. 4 „Das subjektive Schamerleben ist mit kennzeichnenden Kognitionen in der jeweiligen Situation verbunden" und Nr. 5 „Mit den situationsbedingten kennzeichnenden Kognitionen lassen sich wesentliche Komponenten typischer Schamreaktionen beschreiben" ihre Gültigkeit.

Neben den eben beschriebenen Komponenten sind es die **Determinanten**, die Schamgefühle beeinflussen können. In dieser Studie wurden wichtige Determinanten untersucht, die eine Emotionen allein nicht auszulösen vermögen, aber wichtige Faktoren darstellen, die die Aktualgenese einer Emotion, ihre Intensität, ihre Häufigkeit und ihre Qualität des Erlebens begünstigen oder dämpfen können.

So verdeutlichen die Ergebnisse, dass die Determinanten Geschlecht, das Alter der weiblichen Vpn, die berufliche Tätigkeit und die Angaben über die Schambelastung in der Kindheit und Jugend das Schamerleben der Vpn bedeutend beeinträchtigen.

Signifikante, geschlechtsspezifische Unterschiede ergaben sich vor allem beim Schamtyp Opfer. Weibliche Pbn, die unter Opferscham leiden, gaben signifikant höhere Werte als die männlichen Vpn an. Ein interessanter Effekt zeigte sich auch bei der Betrachtung des Alters: Frauen mittleren Alters (zwischen 41 und 50 Jahren) gaben die niedrigsten Schambelastungswerte (in allen drei Dimensionen) an. Die Intensität des allgemeinen Schamreagierens der Frauen, abhängig vom Alter, zeigt sich graphisch betrachtet als U-förmiger Kurvenverlauf. Männer über 61 Jahre geben im Unterschied zu den Frauen in dieser Studie die höchsten Schamwerte an. Es ist aber zu berücksichtigen, dass die Anzahl der Vpn (28 Männer) zu gering und die Verteilung in den Gruppen unterschiedlich ist. Die These von Darwin (1871/1970), dass Frauen leichter erröten und eher mit Verlegenheit und Scham reagieren, oder auch die häufig aufgestellte Hypothese (z.B. Mariauzouls, 1996), dass Frauen ihre Scham bzw. ihr Erröten eher zugeben, gilt in dieser Stichprobe nur für die älteren und für die jüngeren weiblichen Pbn. Hultbergs Ansichten (1988), dass Verstöße gegen Gruppennormen und Regeln oder sexuelle Kontexte eher bei jüngeren Personen schamintensiv sind und Verletzungen des Selbst durch einen Angriff auf das „verinnerlichte eigene Wertesystem" eher die älteren

Personen tangiert, gibt einen Hinweis darauf, dass Individuen mittleren Alters schamimmuner sind als ältere und auch jüngere Pbn. In dieser Stichprobe würden diese Thesen für die weiblichen Vpn zutreffen (Frauenanteil der Stichprobe: 72%).

Auch bei den beruflichen Tätigkeiten ergab sich ein interessanter Effekt. Die Selbständigen wiesen die höchsten und die Gruppe der Beamten die niedrigsten Schambelastungen auf. Zwischen diesen beiden Berufsgruppen wurden signifikante Unterschiede ermittelt, die jedoch lediglich als Trendwerte gewichtet werden können, da die Anzahl der Personen in den einzelnen Berufsgruppen dieser Stichprobe teilweise gering und unterschiedlich verteilt war. Für klarere Befunde sind weitere Untersuchungen notwendig. Die Frage, ob Scham im besonderen Maße ein von Status-, Klassen- und Gruppenzugehörigkeit abhängiges Phänomen sei und generell durch das Verfehlen von Statusaspirationen oder durch Statusabweichungen ausgelöst wird (vgl. Lowenfeld, 1977; Lebra 1971), konnte in dieser Studie nicht belegt werden.

Die Befunde verdeutlichen, dass die Determinante erlebte *Scham in der Kindheit und Jugend* das aktuelle Schamempfinden und die akuten psychosozialen Beschwerden der Vpn hochsignifikant beeinflusst. Pbn, die in ihrer Kind- und Jugendzeit häufigeren Schambelastungen ausgesetzt waren, nennen nicht nur intensivere aktuelle Schamreaktionen in allen Dimensionen, sondern auch klinisch relevante Symptome in den Skalen *Unsicherheit*, *Zwanghaftigkeit*, *Ängstlichkeit*, *phobische Angst*, *Psychotizismus*, *Aggressivität* und *Somatizismus*. Die angegebenen Werte sind vergleichbar mit denen von Psychiatriepatienten und unterstreichen die Thesen von A. Miller (1991) und M. Lewis (1995) u. a., die auf eine sozialisierte Schamdisposition, die zu Pathologien führt, hinweisen (vgl. auch II, 9.0). Somit können die eingangs aufgestellten Hypothesen Nr. 7 „Personen, die in ihrer Kindheit und Jugend häufiger mit Schamgefühlen reagierten, weisen auch als Erwachsene signifikant höhere Schamreaktionswerte auf“ und Nr. 8 „Individuen mit höheren Schamreaktionswerten geben signifikant, ausgeprägtere soziale, psychische und somatogene Beschwerden an als Personen mit niedrigeren Werten“ bestätigt werden. Hypothese Nr. 6 „Sozio- und ökodemografische Einflüsse spielen bezüglich der Intensität und der Häufigkeit des Schamerlebens eine unbedeutende Rolle“ muss aufgrund der Resultate verworfen werden. Sie gilt lediglich für die Determinanten *Finanzielle Lage*, *Familienstand*, *Lebensform* und mit Einschränkung für die Faktoren *kulturelle Herkunft*[76] und *Status*, bei denen kein relevanter Einfluss auf das Schamerleben der Vpn nachgewiesen werden konnte.

Im letzten Abschnitt der Untersuchung wurde der Zusammenhang zwischen psychopathologischen Symptomen und Scham untersucht, die vor allem von Izard (1994), Jacobson (1961, 1971), Hilgers (1994), Kaufmann (1989), Katsching, Demal & Windhaber (1998), Kuhn (1973), M. Lewis (1995), Wurmser, (1993) u. a. (s. auch II, 9.0.) beschrieben werden. Im Vordergrund stand entsprechend der anfangs formulierten Hypothese Nr. 9 die Frage nach „Scham-Syndromen", die von Kaufmann (1989) postuliert werden.

Es konnte festgestellt werden, dass die symptomatischen Belastungen der Vpn in den Bereichen *Ängstlichkeit*, *Phobische Angst* und *Unsicherheit* die Kernbestandteile bzw. das ***„Basissyndrom"*** intensiver Schamgefühlsregungen repräsentieren (s. Tab. 45). Nach Peter Joraschky (2000) entspricht dieses Befundmuster *den* „Krankheiten, die mit Selbstwertproblemen einhergehen.[77] Dieser gemeinsame Hintergrund (Selbstwertproblematik und Scham) dürfte eine Erklärung für die hohen Comorbiditätsraten dieser Erkrankungen sein." (vgl. auch Izard, 1981/1994; Jacobson, 1961/1971; Hilgers, 1994; Kaufmann, 1989; M. Lewis, 1995; Wurmser, 1993). Es bleibt festzuhalten, dass Menschen, die hohe Schamwerte angeben (in allen Dimensionen, s.o.), dieses „Scham-Basissyndrom" aufweisen.[78]

Bei näherer Inspektion der Zusammenhänge zwischen Schamdimensionen und symptomatischen Belastungen der Vpn konnten die folgenden Resultate ermittelt werden:

---

[76] Einschränkung: Alle Vpn fremder kultureller Herkunft sind der deutschen Sprache mächtig und leben schon längere Zeit in Deutschland oder wurden in Deutschland geboren.

[77] Joraschky (2000) nennt folgende Krankheiten: Angstkrankheiten, Depressionen, narzisstische u. selbstunsichere Persönlichkeitsstörungen und Sozialphobie.

[78] Zu beachten ist der folgende Hinweis von Franke (1995): „Die Anwendung psychodiagnostischer Verfahren darf sich nicht im Zitieren des Skalennamens erschöpfen." Fokussiert werden daher die Zusammenhänge zwischen starken Schamgefühlen und symptomatischen, psychischen Belastungen.

Tabelle 41: Zusammenhänge zwischen Schamdimensionen und symptomatischen Belastungen (Syndromen) der Vpn

	Unsichere(r)	**Opfer**	**Täter(in)**
UNSICHERHEIT	**	**	**
ANGST	**	**	**
PHOBIE	**	**	**
PSD*	**	**	**
GSI*	**	**	**
DEPRESSION	**	**	-
PSYCHOTIZISMUS	**	**	-
AGGRESSION	**	-	**
PARANOIA	**	-	-
PSDI*	**	-	-
ZWANGHAFT	**	-	-
SOMATIZISMUS	-	-	**

*3 globale Kennwerte: PSD = Anzahl der positiv angekreuzten Items; GSI = Intensität; PSDI = Intensität der positiv angekreuzten Items

Neben dem zum „Scham-Basissyndrom" zählenden Symptomskalen Ängstlichkeit, Phobische Angst und Unsicherheit beinhalten die einzelnen Schamtypen die folgenden Symptom-Skalen:

Unsicherheitsscham: Psychotizismus, Paranoides Denken, Depression, Zwanghaftigkeit und Aggression

Opferscham: Psychotizismus und Depression

Täterscham: Aggression und Somatizismus

Anhand der psychischen, symptomatischen Beeinträchtigungen wurde deutlich, dass die drei Schamgefühlsdimensionen sich hochsignifikant voneinander unterscheiden.

Letztlich ist in der Diskussion auf die Aussagemöglichkeit der hier eingesetzten Methode der Selbstinduktion der Emotionslage Scham mit anschließender Bewertung einzugehen. Diskutiert werden in letzter Zeit die Vor- und Nachteile der Analyse in Realsituationen gegenüber der Szenariotechnik (Laborsituationen) auf dem Hintergrund kognitiver Emotionstheorien (vgl. Frijda, 1987; Smith & Lazarus, 1993; Scherer, 1993). Der Ursprünglichkeit und der ausgelösten persönlichen Betroffenheit in Realsituationen steht die mangelnde Kontrolle der Variablen als Nachteil bei Untersuchungen in Realsituationen gegenüber. Aber auch die Vermutung, dass sich Vpn in Laborsituationen mehr von sozialen Stereotypen als von eigenen Erfahrungen leiten lassen könnten, verdient Beachtung. Erstrebenswert ist, dass Real- und Laboruntersuchungen kombiniert werden bzw. sich ergänzen. In dieser Arbeit wurde die Methode der Selbstinduktion der Emotionslage Scham durch die Imagination einer schriftlich vorgelegten Realsituation sowie eine Kontrollinduktion (neutrale Stimmung, z.B. Gelassenheit) eingesetzt. Bei dieser Art von Induktion verhält sich eine Person eher wie ein Akteur statt Beobachter (vgl. Otto 2000, in Mandl et al., 2000). Geschichten mit Aufforderung haben sich als die effektivsten Induktionsverfahren für positive und negative Emotionsinduktionen erwiesen. Es wird ein Effekt, der fast einer Realsituation entspricht, erreicht (ebd.). Kritisch müssen in dieser Studie die hohe Anzahl der vorgelegten Imaginationen (47) und deren Reaktionsangaben (53) im zweiten Teil der Untersuchung[79] sowie die höheren Induktionseffekte, die durch die Nichtkontrolle von Verhaltensmaß und Aufforderungseffekt während der Durchführung der Experimente entstehen können (ebd.), berücksichtigt werden.

[79] Ermüdungserscheinungen können auftreten und die Reaktionen beeinflussen.

V. Zusammenfassung und Ausblick

An dieser Untersuchung, in deren Zentrum die übergreifende Fragestellung nach Zusammenhängen zwischen Ereignissen, Besonderheiten und Verhalten bei Schamgefühlen stand, beteiligten sich 144 Personen. Neben der Prüfung spezifischer Hypothesen wurden Gemeinsamkeiten und Unterschiede im Konstruktsystem der Dimensionen des Schamerlebens herausgearbeitet. Die Arbeit gliederte sich in drei Untersuchungsabschnitte. Nach der Sammlung typischer Beispiele für Schamanlässe wurden Dimensionen und Charakteristik von Schamgefühlen analysiert und ein Schamreaktions-Fragebogen (SFB) erstellt. Mit dem SFB und einer Symptomcheckliste psychischer Belastungen (SCL-90-R) wurden die Zusammenhänge zwischen Schamgefühlen und psychischem Befinden der Vpn analysiert.

Im einzelnen konnten folgende Nachweise geführt werden:

- Unsicherheitsscham, Opferscham und Täterscham repräsentieren die drei relevanten Dimensionen des Schamempfindens.
- Die Basiskomponenten von Schamgefühlen (in allen drei Dimensionen) setzten sich zusammen aus physiologischen Reaktionen, selbstwertbelastenden Kognitionen und der Intensität der empfundenen Belastung.
- Die Schamdimensionen können hinsichtlich ihrer Komponenten unterschieden werden. Opfer- und täterschamempfindende Vpn weisen neben den Basiskomponenten Trauer- und Niedergeschlagenheitreaktionen und spezifische selbstwertbelastende Kognitionen auf. Pbn, die Unsicherheitsscham erleben, repräsentieren das höchste Ausmaß an physiologischen Reaktionen.
- Männliche und weibliche Pbn unterscheiden sich bezüglich der Intensität des eigenen Schamerlebens. Frauen repräsentieren tendenziell höhere Schamwerte. Opferscham empfindende Frauen geben deutlich höhere Werte als männliche Pbn an.
- Frauen mittleren Alters (41–50 Jahre) zeigen die höchste Schamimmunität.
- Das aktuelle Schamerleben und das Ausmaß akuter, psychischer Belastungen einer Person ist um so stärker, je intensiver sie durch Scham in ihrer Kindheit und Jugend belastet wurde.

- Ängstlichkeit, Phobische Angst und Unsicherheit repräsentieren die Kernbestandteile („Basissyndrom")[80] intensiver Schamhaftigkeit.
- Entsprechend den Schamdimensionen können drei „Schamsyndrome" unterschieden werden: Unsicherheitsscham mit Psychotizismus, Paranoides Denken, Depression, Zwanghaftigkeit, Aggression (+ „Basissyndrom"); Opferscham mit Psychotizismus und Depression (+ „Basissyndrom"); Täterscham mit Aggression und Somatizismus (+ „Basissyndrom").

Die vorliegenden Befunde sollen Bausteine zur Theorieentwicklung der Scham beitragen, wie sie von M. Lewis (1992/1995) u. a. gefordert werden. Wünschenswert wären weitere Untersuchungen zu Determinanten von Schamgefühlen und den „Schamsyndromen". Vorstellbar wären z.B. Langzeitstudien über das Schamerleben in der Kindheit und Jugend, über die Herkunft und den Status einer Person bezogen auf die Entwicklung ihres Schamerlebens. Mit der Untersuchung klinischer Stichproben könnten möglicherweise relevante, kausale Rückschlüsse zur Entstehung von den von Kaufmann (1989) und auch in dieser Arbeit konstatierten „Schamsyndromen" gewonnen werden.

[80] S. hierzu auch Fußnote 26

VI. Literaturverzeichnis

Amati, S. (1990). Die Rückgewinnung des Schamgefühls. In: Psyche, 44 (4), S. 724-740

Amelang, M. & Bartussek, D. (1990). Differenzielle Psychologie und Persönlichkeitsforschung (3. Aufl.). Stuttgart: Kohlhammer

Amering, M., Gringl, H. (1998). Verlegenheit – Peinlichkeit – embarressment – embarrassability. In: Demal, H., Windhaber, J. (Hg.) (1998): „Wenn Schüchternheit zur Krankheit wird...". Wien: Facultas-Univ.-Verlag. S. 33-38

Amsterdam, B. & Lewitt, K. (1976). Consiusness of self and painful self consiusness. In: Psychoanalytic study of the child, 35, S. 67-83

Ausubel, D. P. (1958). Theory of problems of child development. New York: Grune & Straton

Asendorpf, J. (1989). Soziale Gehemmtheit und ihre Entwicklung. Berlin: Springer

Atkinson, J. W. (1957). Motivational determinants of risk-taking behaviour. In: Psychological review, 64, S. 359-372

Ax, A. F. (1953). The physiological differentiation between fear and anger in humans. In: Psychosomatic Medicine, 15, S. 433-442

Backhaus, K., Erickson, B., Plinke, W., Weiber, R. (1994). Multivariate Analysemethoden (7. Aufl.). Berlin: Springer Verlag

Beck, A., T., Rush, A. J., Shaw, B. F. & Emery, G. (1996). Kognitive Therapie der Depression (5. Aufl.). Weinheim: Belz, PVU

Berner, W. (1998). „Errötend folgt er ihren Spuren", Scham und Sozialphobie. In: Katsching, H., Demal, J., Windhaber (Hg.) (1998): „Wenn Schüchternheit zur Krankheit wird...", Wien: Facultas-Univ.-Verlag

Bradshaw, J. (1993). Wenn Scham krank macht. München: Knaur

Binswangen, L. (1957). Schizophrenie. Pfullingen: Neske

Bolwig, N. (1978). Communicative signals and social behaviour of some African monkeys: A comparative study. In: Primates, 19, S. 61-99

Borg, I, Scherer, K. R., Staufenbiel, T. (1985). Determinanten von Peinlichkeit und Scham: Ein facettentheoretischer Ansatz. J.-L.-Universität Gießen, FB Psychologie

Bortz, J. (1985), Lehrbuch der Statistik. Für Sozialwissenschaftler. 2. neubearbeitete Auflage, Berlin: Springer Verlag

Bourrque, L. & Back, K. W. (1985). Life graphs and life events. In: Ulich, D., Mayring, P. (1992). Psychologie der Emotionen. Stuttgart: Kohlhammer

Brosius, G. & Brosius, F. (1995), SPSS Base System and Professional Statistics. Bonn: International Thomson Publishing

Broucek, T. (1982). Shame and its relationships to early narcistic development. International Journal of Psycho-analysis, 63, S. 369-378

Buss, A. H. (1980). Self-consciousness and social anxiety. San Francisco: W. H. Freeman

Cattell, R. B. (1966). The Data Box: Its Ordering of Total Recourses in Terms of Possible Relation Systems. In: Cattell, R. B., Handbook of multivariate experimental Psychology, Chicago

Chu V., B. de la Heras (1994). Scham und Leidenschaft. Zürich: Kreuz

Damaiso, A. R. (1994). Descartes' Error: Emotion, Reason, and the Human Brain. New York: G. P. Putnams' Sons

Darwin, Ch. (1872/1970). The expression of the emotions in man and animals. London: University of Chicago

Dürr, H. P. (1988). Nacktheit und Scham, Bd. I. Frankfurt a. M.: Suhrkamp

Dürr, H., P. (1990). Nacktheit und Scham, Bd. II. Frankfurt a. M.: Suhrkamp

Dorsch, F. (Hg.) (1994). Psychologisches Wörterbuch, 12. Aufl.. Göttingen, Seattle: H. Huber

Dougall, W. (1920). An introduction to social psychology. London: Methuen

Edelmann, R. J. (1990). Embarrassment and blushing: A component-process model, some initial descriptive and cross-cultural data. Cambrige: Cambrige University Press, S. 205-228

Eibl-Eibesteldt, L. (1973). The expressive behaviour of deaf-and-blind-born. In: M. v. Cranach & I. Vine (Eds.). Social Communication and Movement. New York: Academic Press

Eibl-Eibelsfeldt, I. (1984). Die Biologie des menschlichen Verhaltens. Grundriss der Humanethologie. München: Pieper

Ekman, P., Levenson, R. W. & Friesen, W. V. (1983). Autonomic nervous system activity distinguishes among emotions. In: Scienca, 221, S. 1208-1210

Ekman, P. (1993). An Argument of Basic Emotions. In: Cognition and Emotion, 6, (3/4), S. 169-200

Ellis, A. (1996). Training der Gefühle (3. Aufl.). Landsberg a. Lech: mvg-verlag

Ellis, H. (1920). Geschlechtstrieb und Schamgefühl. Leipzig

Elias, N. (1982). Über den Prozess der Zivilisation, Bd. 2. Frankfurt: Suhrkamp

Ellsworth, P. C. & Ludwig, L. M. (1972). Visual behavior in social interaction. In: Journal of Communication. 22, S. 375-403

Engel, B. T. (1960). Stimulus-response and individual-response specifity. In: Archives of General Psychiatry, 2, S. 305-313

Erichsen, F. (1975). Scham und Schizophrenie. In: Schizophrenie und Sexualität. Bern, Stuttgart: Hans Huber Verlag, S. 114-134

Erikson, E. H. (1973). Autonomy vs shame and doubt, initiative vs guilt. In: Smart M. S. & Smart R. C. (Eds.). Preschool children: Development and relationship. New York: Macmillan, S. 43-51

Euler, H. A. & Mandl, H. (1983). Emotionspsychologie. Ein Handbuch in Schlüsselbegriffen. München : Urban & Schwarzenberg

Fahrenberg, S. (1983). Psychophysiologische Methode. In: Groffmann & Michel (Hrsg.), Verhaltensdiagnostik. In Ulich, D., Mayring, P. (1992). Psychologie der Emotionen. Stuttgart: Kohlhammer

Fahrenberg, S. (1992). Biopsychologische Unterschiede. Freiburg i. B.: Psychologisches Institut der Universität Freiburg

Fluegel, J.C. (1950). The psychology of cloth. London: Hoghart

Fossum, M. A. & Mason, M. J. (1992). Aber keiner darf's erfahren. Scham und Selbstwertgefühl in Familien. München: Kösel-Verlag

Frank, E. S. (1991). Shame and guilt in eating disorders. In: American journal of Orthopsychiatry, 61(2), S. 303-306

Freud, S. (1930/1990). Das Unbehagen in der Kultur. Frankfurt/M.: Fischer

Freud, S. (1905/1991). Drei Abhandlungen zur Sexualtheorie. Frankfurt/M.: Fischer

Frijda, N. (1987). Emotion, cognitive structur, and action tendency. In: Cognition and Emotion, 1, S. 115-143

Gerson, A. (1919). Die Scham. Bonn: Marcus u. Weber

Geppert, U. & Heckhausen, H. (1989). Ontogenese der Emotion. In: Scherer, K. R. (Hg.) (1990). Enzyklopädie der Psychologie, Band: Motivation und Emotion. Göttingen: Hogrefe, S. 115-213

Scherer, K. R. (1990). Enzyklopädie der Psychologie, Band: Motivation und Emotion. Göttingen: Hogrefe

Geppert, U. & Gartmann, D. (1983). The emergence of self-evaluative emotions as consequences of achievement actions. Bochum: Ruhr Universität

Giannotti, G. (1972). Emotional Behavior and Hemispheric side of lesion. In: Cortex, 8, 1972

Goffman, E. (1957). On facework. In Psychiatry, 18, S. 231

Goffman, E. (1971). Relationship in public. New York: Basic Books

Graham, D. (1972). Moral learning and development: Theory and research. London: Batsford

Grammer, K. (1989). Human courtship behaviour. In: A. E. Rasa & al. (Eds.), The sociobiology of sexual and reproductive strategies. London

Halisch, C. & Hailsch, F. (1980). Cognitive assumptions of young children's self-evaluation reactions after success and failure. In: Zeitschrift für Entwicklungspsychologie und Pädagogische Psychologie. 12(3), S. 193-212

Hamilton, W. (1964). The genetical evolution of social behaviour. In: Journal Of Theoretical Biology, 7, S. 1-52

Heckhausen, H., & Roelofsen (1962). Anfänge und Entwicklung der Leistungsmotivation im Wetteifer des Kleinkindes. In: Psychologische Forschung, 26, 31, S. 3-397

Heckhausen, H. (1981). Emotionen im Leistungshandeln aus ontogenetischer Sicht. Bochum: Ruhr-Universität

Heider, F. (1958/1977) Psychologie der interpersonalen Beziehung. Stuttgart: Klett, in Reinberg, F. (1997). Motivation (2. Aufl.). Stuttgart, Berlin, Köln: Kohlhammer

Heller, A. (1982). Theorie der Gefühle. Hamburg

Hilgers, M. (1994). Sehen und Ansehen – Bedeutung von Scham und Stolz für die Behandlung schwerer Störungen. In: Zeitschrift für Individualpsychologie, 19. Jg., 1994, S. 113-123

Hilgers, M. (1996). Scham, Gesichter eines Affekts. Göttingen: Vandrhoeck und Ruprecht

Holodinski, M. (1992). Leistungstätigkeit und soziale Interaktion. Ein tätigkeitstheoretisches Modell zur Entstehung der Leistungsmotivation. Heidelberg: Roland Asanger Verlag

Hultberg, P. (1987). Scham – eine überschattete Emotion. Analytische Psychologie 18, S. 84-104

Izard, C. E. (1981/1994). Die Emotionen des Menschen. Weinheim: Psychologie Verlag

Izard, C. E. (1977). Human emotions. New York: Plenum

Izard, C. E. & Tyson, M., C. (1986). Shyness as a discrete emotion. In: Jones, W., H. & Cheek & Bricks, S., R., (Eds.). Shyness: perspectives on research and treatment. New York: Plenum Press, S. 147-160

Jacobson, E. (1964). The self and the object world. New York: Int. Univ. Press

Jacobson, E. (1971). Depression: comparative studies of normal, neurotic and psychotic conditions. New York: Int. Univ. Press

James, W. (1890). The Principles of Psychology, 2. vols. New York: Holt, Rinehold & Winston. In: Zimbardo, P. G., Gerrig, R. J. (1999). Psychologie. 7.Auflage. Berlin: Springer

Janke, W. & Debus, G. (1984). Die Eigenschaftswörterliste EWL. Eine mehrdimensionale Methode zur Beschreibung von Aspekten des Befindens. Göttingen, Hogrefe. In: Ulich, D., Mayring, P. (1992). Psychologie der Emotionen. Stuttgart: Kohlhammer

Johnson, R. C., Danko, G. P., Huang, Y.-H., Park, J. Y., Johnson, S. B. & Nagoshi, C. T. (1987). Guilt, shame and adjustment in three cultures. In: Journal of Individual Differences, 8 (3), S. 357-364

Jonson-Laird (1988). The Computer and the Mind. An introduction to cognitive science. London: Fontana

Joraschky, P. (1998). Psychodynamische Therapie der Sozialphobie. In: Katsching, H., Demal, J., Windhaber (Hg.) (1998): „Wenn Schüchternheit zur Krankheit wird...“. Wien: Facultas-Univ.-Verlag

Kagan, J. (1987). Die Natur des Kindes. München: Piper

Kalbe, W. (1996). Die Vulnerabilität von Arbeitslosen. Diplomarbeit, Hamburg: Universitätsbibliothek, FB Psychologie

Katsching, H., Demal, J., Windhaber (Hg.) (1998): „Wenn Schüchternheit zur Krankheit wird...“. Wien: Facultas-Univ.-Verlag

Kaufmann, G. (1989). The psychology of shame: Theory and treatment of shame-based syndromes. New York: Springer

Kaufmann, G. (1991). Shame: the Power of Caring, Rochester: Vermont

Kelley, H. H., (1967). Attribution theory in social psychology. In: Zimbardo, P. G., Gerrig, R .J. (1999). Psychologie, 7.Auflage. Berlin: Springer

Kelly, G. A. (1955). A theory of personality: The psychology of personal constructs, 2. vols. New York: Norton. In: Zimbardo, P. G., Gerrig, R. J. (1999). Psychologie, 7. Auflage. Berlin: Springer

Kluge, F. (1975). Etymologisches Wörterbuch. Berlin: Gruyter

König, R. (1988). Die Mode in der menschlichen Gesellschaft. In: König, R. & Schuppisser, P. W. (Eds.). Die Mode. Zürich

Klopfstein, A. M. (1972). Scham und Schande nach dem alten Testament. Zürich: Theologischer Verlag

Knapp, P. H. (1967). Purging and curbing: An inquiry into disgust, satiety, and shame. In: Journal of Nervous and Mental Diseases, 144, S. 514-534

Knobloch, H. & Knobloch, J. (1979). Zum Problem physiologischer und psychologischer Reaktionsspezifität. In: Psychologische Beiträge, 21, S. 522-539

Kramer, Y. & Rosenblum, L. (1970). Responses to frustration in one-year-old-children. In: Psychosomatic Medicine, 32, S. 243-257

Krause, R. (2000). Störungen der Emotionalität. In: Otto, H., Euler, H., A. & Mandl, H. (Hrsg.). Emotionspsychologie. Weinheim: Beltz, PVU

Krolak-Schwerdt, S. (1991). Modelle der dreimodalen Faktorenanalyse. Frankfurt, a. M.: Lang

Kuhn, R. (1973). Scham. In: Lexikon der Psychiatrie, Müller, C. (Hrsg.). Berlin: Springer, S. 587-590

Labig, W. (1982). Schmerz. Grundlagen – Forschung – Therapie. In: Ulich, D., Mayring, P. (1992). Psychologie der Emotionen. Stuttgart: Kohlhammer

Lacey, J. 1. (1950). Individual Differences in Somatic Response Patterns. In: Journal of Comparative Physiology and Psychology, 43, S. 338-347

Lacey, J. I. & Lacey, B. C. (1958). Verification and extension of the principle of autonomic response stereotypy. In: American Journal of Psychology, 71, S. 50-59

Lane, H. (1985). Das wilde Kind von Aveyron. Frankfurt: Ullstein

Lansky, M. (1987). Shame and domestic violence. In: Lewis, M. (1995) Scham. Hamburg: Ernst Kabel GmbH

Laser, S. (1983). Medizin und Körperpflege. Göttingen: Archaeologica Homerica

Laux, L. et al. (1981). Das State-Trait-Angstinventar. Theoretische Grundlagen und Handlungsanweisungen. Weinheim: Beltz

Lazarus, R. S. & Folkman, S. (1987). Transactional theory and research on emotions and coping. In: European Journal of Personality, Vol. 1, S. 141-169

Lazarus, R. S. (1991). Cognition and motivation in emotion. American Psychologist, April

Lear, T. E. (1990). Shameful encounters: Alienation and heaving restitution in the group. Group Analysis, 23, S. 155-161

Leary, M. R., Britt, T. W., Cutiip II, W. D., & Templeton J. L. (1992). Social blushing. In: Psychological Bulletin, 112(3), S. 446-460

Leary, M. R. & Meadows, S. (1991). Predictors, elicitors and concomitants of social blushing. In: Journal of Personality and Social Psychology, 60 (2), S. 254-262

Lebra, T. S. (1971). A social mechanism of guilt and shame: The japanese case. In: Anthropological Quarterly, 44, S. 241-245

LeDoux, J. (1998). Das Netz der Gefühle. München: Carl Hanser Verlag

Lewis, H. B. (1987). The role of shame in symptom formation. Hillsdale, New Jersey: Lawrence Erlbaum Associates, Publishers

Lewis, M. (1995) Scham. Hamburg: Ernst Kabel GmbH

Lewis, M., Wolan-Sullivan, M. W., Stanger, C. & Weiss, M. (1989). Self-development and self conscious emotions. In: Child Development, 60, S. 146-156

Leyhausen, P. (1983): Kleidung: Schutzhülle, Selbstdarstellung, Ausdrucksmittel. In: Sitter, B. (Hg.). Menschliches Verhalten. Freiburg: Universitätsbibliothek

Lichtenberg, J. D. (1983). The influence of values and value judgement and the psychoanalytic encounter. In: Psychoanalytic Inquiry, 3(4), S. 647-664

Light, K. C. (1987). Psychosocial precursors of hypertension. Experimental evidence.In: Circulation Supplement, 76, S. 67-77

Lynd, H. M. (1958). On shame and the search of identity. London: Routledge & Kegan

Mariauzouls, Ch. (1996). Psychologie von Scham und Erröten. Zürich: ADAG Copy AG

Mayring, Ph. (1992). Klassifikation und Beschreibung einzelner Emotionen. In: Ulich, D., Mayring, Ph. (1992). Psychologie der Emotionen. Stuttgart: Kohlhammer

Mead, G. H. (1968). Geist, Identität und Gesellschaft aus der Sicht des Sozialbehaviorismus. Frankfurt a. M.: Suhrkamp

Mees, U. (1985). Was meinen wir, wenn wir von Gefühlen reden? In: Sprache und Kognition, 1, S. 1-20

Meyer, W. U., Schützwohl, A., Reisenzein, R. (1993). Einführung in die Emotionspsychologie, Band I. Bern: Huber

Meyer, W. U., Schützwohl, A., Reisenzein, R. (1997). Einführung in die Emotionspsychologie, Band II. Bern: Huber

Meyer, W. U. (1999). Evolutionspsychologische Emotionstheorien. Bern: Huber

Miller, A. (1991). Das Drama des begabten Kindes und die Suche nach dem wahren Selbst. In: Lewis, M. (1995) Scham. Hamburg: Ernst Kabel GmbH

Miller, R. S. (1986). Embarrassment: Causes and consequences. In: Jones, W. H., Cheek, J. M. & Briggs, S. R. (Eds.). Shyness: Perspectives on research and treatment. New York: Plenum, S. 295 -311

Modigliani, A. (1968). Embarrassment and embarrassability. Sociometrie 1968, 31, S. 313-326

Müller, J. (1838). Lehrbuch der Physiologie. In: Dorsch, F. (Hg.) (1994). Psychologisches Wörterbuch, 12. Aufl., Bern, Göttingen, Toronto, Seattle: H. Huber

Nathanson, D. L. (1987). A timetable for shame. In: Nathanson, D. L. (Ed.), The many faces of shame. New York: Guilford

Neckel, S. (1991). Status und Scham. Frankfurt a. M, New York: Campus Verlag

Nixdorf, H. (1987). Kleidung. In: B. Streck (Ed.). Wörterbuch der Ethnologie. Köln

Otto, H., Euler, H. A. & Mandl, H. (Hrsg.) (2000). Emotionspsychologie. Weinheim: Beltz, PVU

Oerter, R. (1980). Moderne Entwicklungspsychologie. Donauwörth: Auer

Pawlik, K. (1987). Dimensionen des Verhaltens (3. Auflage). Bern, Stuttgart, Wien: Huber

Petschenig, M. (1974). Der kleine Stowasser. In: Mariauzouls, Ch. (1996). Psychologie von Scham und Erröten. Zürich: ADAG Copy AG

Plutchik R. (1962/1980). A general psychoevolutionary theory of emotion. In: Plutchik & Kellermann (Eds.). Emotion: Theory, research, and experience (Bd. 1, S. 3-33). In: Lewis, M. (1995) Scham. Hamburg: Ernst Kabel GmbH

Rank, O. (1945/1972). With therapy and truth and reality. New York: Knopf

Rhenius, D. (1983). Mathematik für die Psychologie. Eine Einführung. Teil 1, Grundlagen, Vektorräume, Mathematik ohne Zahlen. Bern: Huber

Rost, W. (1990). Emotionen, Elexire des Lebens. Berlin, Heidelberg, New York, London, Paris, Tokio, Hong Kong, Barcelona: Springer Verlag

Roos, J. (1988). Die Entwicklung der Zuschreibung komplexer Emotionen am Beispiel der Emotion „Peinlichkeit", Frankfurt a. M, New York, Bern, Paris: Verlag Peter Lang

Rubin, Z. (1970). Messure of romantic love. In Izard, C. E. (1977). Human emotions. New York: Plenum

Rutishauser, B. (1971). Scham und Schamgefühl in phänomenologischer Interpretation. In: Zeitschrift für Klinische Psychologie und Psychotherapie, 19 (1), S. 2-76

Sass, H., Wittchen, H. U., Zaudig, M. (1996). Diagnostisches und Statistisches Manual Psychischer Störungen, DSM-IV. Göttingen: Hogrefe

Schachter, S. & Singer, J. E. (1962). Cognitive, social and physiological determinants of emotional state. In: Psychological Review, 69, S. 379-399

Schandry, R. (1988). Lehrbuch der Psychophysiologie. Körperliche Indikatoren psychischen Geschehens. München: Psychologie Verlags Union

Scheler, M. (1957). Schriften aus dem Nachlass, Bd. 1. Bern: Franke Verlag, S. 65-154

Schell, Hill, Esser (1992). Methoden der empirischen Sozialforschung. 3. Auflage. München, Wien: R. Oldenbourg

Scherer, K. R. (1981). Wider die Vernachlässigung der Emotion in der Psychologie. In: W. Michaelis (Hrsg.). Bericht über den 32. Kongress der Deutschen Gesellschaft für Psychologie in Zürich. Göttingen: Hogrefe

Scherer, K. R. (1990a). Psychologie der Emotionen. Göttingen: Hogrefe

Scherer, K. R. (1990b). Enzyklopädie der Psychologie, Band: Motivation und Emotion. Göttingen: Hogrefe

Scherer, K. R. (1993).Studying the emotion-antecendent process. An expert system approach. In: Cognition and Emotion, 7, S. 325-355

Shearn, D., Bergman, E., Hill, K., Abel, A. & Hinds, L. (1990). Facial Coloration and Temperature, in Response in Blushing. In: Psychophysiology, 27(6), S. 687-693

Schmidt-Atzert, L. (1996). Lehrbuch der Emotionspsychologie. Stuttgart: Kohlhammer

Semin, G. R. (1981). Peinlich, peinlich, aber warum eigentlich? In: Psychologie Heute, Dez. 81

Shaver, P. R., Schwarz, J. C., Kirson, D. & O'Cornor, C. (1987). Emotion knowledge: Future exploration of a prototype approach. In: Journal of Personality and Social Psychology, 52, S. 1061-1086

Shields, S. A., Mallory, M. E. & Simon, A. (1990). The experience and symptoms of blushing as a function of age and reported frequency of blushing. In: Journal of Nonverbal Behavior, 14 (3), S. 181-187

Siedenbiel, W. (1991). Schäm Dich. In: Sexualmedizin. 20, S. 325-330

Sigursch, V. et. al. (1996). Sexuelle Störungen und ihre Behandlungen. Stuttgart: Thieme

Singer, R., & Singer, A. (1969). Psychological development in children. Philadelphia: Saunders

Simmel, G. (1921). Sociology of the senses: Visual interactions. In: R. E. Park & E. W. Burgess (Eds.): Introduction to the science of sociology. Chicago: University of Chicago Press

Smetana, J. G. (1989). Toddlers social interaction in the context of moral and conventional domain-related attributes. In: Development Psychology, 25 (4), S. 499-508

Smith, C. A., Ellsworth, P.C. (1987). Patterns and cognitive appraisal in emotion. Journal of Personality and Social Psychology, 48, 813-838. In: Zimbardo, P.G., Gerrig, R. J. (1995). Psychologie 6. Auflage. Berlin: Springer, S. 445

Smith, C. A. & Lazarus, R. S. (1993). Appraisal components, core relational themes, and the emotions. In: Cognition and Emotion, 7, S. 233-269

Snygg, D. & Combs, A.W. (1949). Individual Behavior. New York: Harper

Sroufe, L. A. (1979). Social emotional development. In: J. D. Osofsky (Ed.). The handbook of infant development. New York: Academic Press, 462-516

Stemmler, G. (1989). The autonomic differentiation of emotions revisited: Convergent and discriminate validation. Psychophysiology, 26 (6), S. 817-632

Stipek, D. J. (1983). A developmental analysis of pride and shame. In: Human Development, 26, S. 52-54

Symons, D. & Ellis, B. (1989). Human male-female differences in sexual desire. In: A. E. Rasa & al. (Eds.). The socio-biology of sexual and reproductive strategies. London

Tomkin, S. (1963). Affect, imagery, consciousness: Vol. 2. The negative affects. New York: Springer

Thrane, G. (1979). Shame. In: Journal for the Theory of Social Behaviour, 9 (2), S. 139-166

Ulich, D. (1995). Das Gefühl (3.Auflage). Weinheim: Beltz

Ulich, D., Mayring, P. (1992). Psychologie der Emotionen. Stuttgart: Kohlhammer

Velden, M. (1994). Psychophysiologie. Eine kritische Einführung. Berlin, München: Ouintessenz Verlags-GmbH

Vietmeier, B. (1996). Scham und Beschämung. Diplomarbeit, Hamburg: Universitätsbibliothek, FB Psychologie

Wallbott, H. G. & Scherer, K. R. (1986). The antecedents of emotional experiences. In: K. R. Scherer, H. G. Wallbott & Summerfield (Eds.), Experiencing emotion: A cross-cultural study. Cambridge: Cambridge University Press, S. 69-83

Weiner, B., Russel, D. & Lehmann, D. (1978). Affective consequences of causal ascription. In: Zimbardo, P. G., Gerrig, R. J. (1995). Psychologie 6. Auflage. Berlin: Springer

Weiner, B. (1986). An attributional Theory of Motivation and Emotion. New York: Springer

Winkler, E. & Schweickhardt, J. (1982). Expedition Mensch. Wien: Ueberreuter

Wundt, W. (1893, 1911). Grundzüge der physiologischen Psychologie. Leipzig: Engelmann

Wurmser, L. (1993). Die Maske der Scham 2. Auflage. Berlin, Heidelberg, New York: Springer

Zajonc, R. B. (1980). Feeling and thinking: Preferences need no inferences. In: American Psychologist. 35. S. 151-175

Zillmann, D. (1984). Connections between sex and aggression. Hilsdale

Zimbardo, P. G., Gerrig, R. J. (1999). Psychologie (7.Auflage). Berlin: Springer

Zimbardo, P. G., (1994). Nicht so schüchtern (8. Auflage). München, Landsberg am Lech: mvg-Verlag

Zunich, M. (1964). Children's reactions to failure. In: Journal Genetic Psychology. 104, S. 19-24

VII. Anhang

1. Die Variablen

Abkürzungen der Variablen und statistische Kennwerte (zweite Untersuchung)

Tabelle 1: Abkürzungen der Variablen und deren Bedeutung

Variable	**Mean**	**Std Dev**	**Minimum**	**Maximum**	**N**	**Meaning**
A.HILFLO	43,17	27,89	12,00	158,00	48	Die/der andere(n) ist/sind hilflos
A.MAECHT	87,29	36,23	24,00	206,00	48	Die/der andere(n) ist/sind mächtig
A.N.LIEB	64,48	40,81	10,00	194,00	48	Die/der andere(n) ist/sind lieblos
A.RESP.L	70,33	47,06	6,00	191,00	48	Die/der andere(n) ist/sind respektlos
A.TAKTLO	68,17	47,28	6,00	178,00	48	Die/der andere(n) ist/sind taktlos
A.VERA.M	78,88	32,31	23,00	146,00	48	Die/der andere(n) verachten mich
A.WERTLO	35,27	17,62	12,00	98,00	48	Die/der andere(n) ist/sind wertlos, erniedrigt
ATEMNOT	42,31	21,79	15,00	173,00	48	Ich verspüre Atemnot
AUGE.SCH	36,71	19,03	15,00	151,00	48	Mir wird schwarz (schwindlig) vor den Augen
BEKENNEN	81,21	30,80	20,00	154,00	48	Ich bekenne mich zu meinem Verhalten/Körper/(Sonstiges)
BLICK.WE	102,02	34,06	10,00	168,00	48	Ich wende den Blick ab von den anderen
DAUER	50,46	14,82	13,00	82,00	48	Dauer der Belastung
EKEL.A.A	48,65	34,17	6,00	201,00	48	Ich empfinde Ekel über die anderen

EKEL.A.M	47,81	25,03	9,00	136,00	48	Ich empfinde Ekel über mich
ENTFERNE	96,06	42,24	13,00	203,00	48	Ich versuche mich zu entfernen
ERSTAR.V	77,35	28,32	23,00	161,00	48	Ich erstarre, verkrampfe mich
G.ROT	102,08	37,58	23,00	171,00	48	Mein Gesicht ist rot
GAENSEHA	36,44	15,19	12,00	121,00	48	Ich habe eine Gänsehaut
HAEUFIGK	66,67	15,01	17	88	48	Häufigkeit der Situation (für Sie)
HEISS.KA	41,96	17,77	15,00	127,00	48	Ich empfinde starke Hitze und Kälte gleichzeitig
HERZRAST	88,90	34,43	22,00	191,00	48	Mein Herz rast (Schläfen pochen)
HOER.NIX	35,33	17,61	13,00	134,00	48	Ich höre nichts mehr
I.BLOSSG	102,23	40,70	21,00	177,00	48	Ich bin bloßgestellt
I.BODEN	106,23	40,46	21,00	187,00	48	Ich möchte am liebsten im Boden versinken
I.HILFLO	99,19	35,99	31,00	206,00	48	Ich bin hilflos
I.KLEIN	86,21	26,81	17,00	160,00	48	Ich mache mich klein, ziehe die Schultern hoch
I.LAECHE	86,02	34,93	22,00	151,00	48	Ich bin lächerlich
I.MACHTL	91,04	33,90	23,00	200,00	48	Ich bin machtlos ausgeliefert
I.N.LIEB	57,10	23,20	18,00	119,00	48	Ich bin nicht liebenswert
I.RESP.L	38,29	28,79	6,00	153,00	48	Ich bin respektlos
I.S.M.SV	78,04	30,22	25,00	142,00	48	Ich sollte mir mehr selbst vertrauen
I.TAKTLO	38,60	28,50	7,00	150,00	48	Ich bin taktlos
I.VERACH	61,54	25,78	18,00	128,00	48	Ich verachte mich
I.WERTLO	76,67	36,55	22,00	196,00	48	Ich bin wertlos, erniedrigt
I.WUERDE	72,15	29,46	21,00	136,00	48	Ich bin würdelos
I.ZU.OFF	53,69	21,82	10,00	124,00	48	Ich bin anderen gegenüber zu ehrlich/offen

I.ZU.ZU	40,56	10,81	13,00	70,00	48	Ich bin anderen gegenüber zu verschlossen
IN.ORD.B	92,50	37,84	22,00	159,00	48	Ich versuche, die Sache in Ordnung zu bringen
INTENSIT	115,17	37,30	24,00	208,00	48	Wie belastend/unangenehm ist die Situation (für Sie)
KONTRO.V	55,31	25,96	12,00	166,00	48	Ich kann nicht klar denken
LACHEN	67,17	28,59	16,00	135,00	48	Ich lache
MAGEN.DA	58,81	24,66	16,00	184,00	48	Ich spüre Übelkeit im Magen
MU.TROCK	42,79	16,76	14,00	116,00	48	Mein Mund ist trocken
NIEDERGE	73,10	35,00	23,00	177,00	48	Ich empfinde Trauer, Niedergeschlagenheit
NIX.PASS	80,04	26,07	9,00	141,00	48	Ich tu so, als ob nichts passiert wäre
O.HEISS	74,15	29,33	18,00	129,00	48	Meine Ohren sind heiß
RACHEGEL	59,65	37,83	7,00	182,00	48	Ich empfinde Rachegelüste gegen die andere(n)
SCHWEISS	80,85	31,93	15,00	143,00	48	Ich empfinde starke Hitze (Schweißausbruch)
SIT.NR	24,50	14,00	1	48	48	Situation Nr.
V.N.MISS	45,19	30,56	7,00	157,00	48	Ich sollte das Vertrauen des/der anderen nicht missbrauchen
WITZ.BEM	72,17	27,86	18,00	137,00	48	Ich mache eine witzige Bemerkung oder singe
WUT.A.A	81,17	45,50	7,00	201,00	48	Ich empfinde Wut/Zorn/Ärger oder Hass auf die anderen
WUT.A.M	74,19	30,50	15,00	141,00	48	Ich empfinde Wut/Zorn/Ärger oder Hass auf mich
ZITTERN	54,96	28,54	16,00	185,00	48	Ich zittere

Tabelle 2: Statistische Kennwerte

Variable	**Kurtosis S.E.**	**Kurt**	**Skewness S.E.**	**Skew**	**N**
A.HILFLO	4,80	,67	1,89	,34	48
A.MAECHT	1,05	,67	,54	,34	48
A.N.LIEB	1,26	,67	1,26	,34	48
A.RESP.L	-,11	,67	,97	,34	48
A.TAKTLO	-,65	,67	,85	,34	48
A.VERA.M	-,95	,67	,08	,34	48
A.WERTLO	2,30	,67	1,51	,34	48
ATEMNOT	28,25	,67	4,73	,34	48
AUGE.SCH	28,41	,67	4,74	,34	48
BEKENNEN	-,54	,67	-,01	,34	48
BLICK.WE	-,26	,67	-,23	,34	48
DAUER	,09	,67	-,07	,34	48
EKEL.A.A	7,52	,67	2,28	,34	48
EKEL.A.M	2,11	,67	1,43	,34	48
ENTFERNE	-,26	,67	,23	,34	48
ERSTAR.V	,50	,67	,61	,34	48
G.ROT	-,67	,67	-,35	,34	48
GAENSEHA	20,52	,67	3,75	,34	48
HAEUFIGK	1,94	,67	-1,31	,34	48
HEISS.KA	10,14	,67	2,40	,34	48
HERZRAST	,67	,67	,37	,34	48
HOER.NIX	21,05	,67	3,94	,34	48
I.BLOSSG	-,78	,67	-,03	,34	48
I.BODEN	-,48	,67	-,05	,34	48
I.HILFLO	,62	,67	,51	,34	48
I.KLEIN	1,16	,67	-,07	,34	48
I.LAECHE	-1,02	,67	,12	,34	48
I.MACHTL	1,23	,67	,55	,34	48
I.N.LIEB	-,26	,67	,55	,34	48
I.RESP.L	7,01	,67	2,57	,34	48
I.S.M.SV	-,64	,67	,49	,34	48

I.TAKTLO	7,45	,67	2,65	,34	48
I.VERACH	-,27	,67	,55	,34	48
I.WERTLO	1,02	,67	,94	,34	48
I.WUERDE	-,47	,67	,34	,34	48
I.ZU.OFF	1,56	,67	,90	,34	48
I.ZU.ZU	,80	,67	,10	,34	48
IN.ORD.B	-1,07	,67	-,08	,34	48
INTENSIT	,63	,67	-,15	,34	48
KONTRO.V	5,82	,67	1,66	,34	48
LACHEN	-,15	,67	,45	,34	48
MAGEN.DA	13,66	,67	2,76	,34	48
MU.TROCK	6,91	,67	2,00	,34	48
NIEDERGE	,59	,67	,84	,34	48
NIX.PASS	,19	,67	,00	,34	48
O.HEISS	-,87	,67	,09	,34	48
RACHEGEL	1,19	,67	1,14	,34	48
SCHWEISS	-,56	,67	,13	,34	48
V.N.MISS	4,21	,67	2,05	,34	48
WITZ.BEM	-,51	,67	-,05	,34	48
WUT.A.A	-,19	,67	,58	,34	48
WUT.A.M	-,43	,67	,29	,34	48
ZITTERN	8,08	,67	2,22	,34	48

Abkürzungen der Variablen, deren Bedeutung und statistische Kennwerte (dritte Untersuchung)

Tabelle 3: Abkürzungen der Variablen und deren Bedeutung

Variable	Mean	Std. Dev.	Min.	Max.	Valid N	Meaning
AGGRESS	57,86	12,60	36,00	80,00	102	SCL-90-R-Variable (T-Werte)
ALTER	2,73	1,19	1	6	102	Altersangabe
ANGST	59,45	12,26	35,00	80,00	102	SCL-90-R-Variable (T-Werte)
BERUFSGR	6,01	3,19	1	11	102	Berufsgruppenzugehörigkeit
DEPRESS	59,64	13,19	29,00	80,00	102	SCL-90-R-Variable (T-Werte)
ESSPROBL	1,16	1,26	,00	5,00	102	SCL-90-R-Variable (T-Werte)
FAMILIE	1,91	,80	1	4	102	Familienstand
GEHALT	2,04	,66	1	3	102	Finanzen
GSI	61,75	12,59	24,00	80,00	102	SCL-90-R-Variable (globaler Wert: Summe der Skalen)
HAUSHALT	1,81	,75	1	3	102	Zusammenleben
IDFNR						Pbn (Nummerierung)
INTEN.G	13,64	5,22	1,00	24,00	102	Intensität, Schamsituationen (Summe)
INTEN0	,35	,80	,00	4,00	102	Intensität, Schamsituation 0 (Summe)
INTEN1.G	4,18	2,09	,00	8,00	102	Intensität, Schamsituation 1 (Summe)
INTEN2.G	4,49	2,22	,00	8,00	102	Intensität, Schamsituation 2 (Summe)
INTEN3.G	4,87	1,92	,00	8,00	102	Intensität, Schamsituation 3 (Summe)
KEMPF.G	52,96	32,06	1,00	147,00	102	Körperempfinden, Schamsituationen (Summe)
KEMPF0.G	,84	2,66	,00	16,00	102	Körperempfinden, Schamsituation 0 (Summe)

KEMPF1.G	19,51	12,29	,00	52,00	102	Körperempfinden, Schamsituation 1 (Summe)
KEMPF2.G	16,04	12,64	,00	50,00	102	Körperempfinden, Schamsituation 2 (Summe)
KEMPF3.G	17,10	11,41	,00	49,00	102	Körperempfinden, Schamsituation 3 (Summe)
KOGN.A.0	1,17	2,96	,00	18,00	102	Kognition a, Schamsituation 0 (Summe)
KOGN.A.1	13,81	13,47	,00	55,00	102	Kognition a, Schamsituation 1 (Summe)
KOGN.A.2	17,73	13,28	,00	49,00	102	Kognition a, Schamsituation 2 (Summe)
KOGN.A.3	19,07	12,10	,00	46,00	102	Kognition a, Schamsituation 3 (Summe)
KOGN.A.G	51,70	33,88	,00	147,00	102	Kognition a, Schamsituationen (Summe)
KOGN.B.0	,06	,44	,00	4,00	102	Kognition b, Schamsituation 0 (Summe)
KOGN.B.3	8,83	5,14	,00	16,00	102	Kognition b, Schamsituation 3 (Summe)
KOGN.B.G	8,89	5,12	,00	16,00	102	Kognition b, Schamsituationen (Summe)
KOGN.C.0	,07	,35	,00	2,00	102	Kognition c, Schamsituation 0 (Summe)
KOGN.C.1	,70	1,41	,00	7,00	102	Kognition c, Schamsituation 1 (Summe)
KOGN.C.2	5,15	2,62	,00	8,00	102	Kognition c, Schamsituation 2 (Summe)
KOGN.C.G	5,84	3,28	,00	14,00	102	Kognition c, Schamsituationen (Summe)
KULTUR	1,15	,36	1,00	2,00	102	Kulturelle Abstammung
PARANOI	58,43	11,68	33,00	80,00	102	SCL-90-R-Variable (T-Werte)
PHOBIE	57,66	12,59	38,00	80,00	102	SCL-90-R-Variable (T-Werte)
PSDI	60,73	11,82	3,00	80,00	102	SCL-90-R-Variable (globaler Wert: Summe der Itemmittelwerte, T-Werte)

PST	59,45	13,60	1,00	80,00	102	SCL-90-R-Variable (globaler Wert: Summe der Items > 0, T-Werte)
PSYCHOT	57,67	12,88	33,00	80,00	102	SCL-90-R-Variable (T-Werte)
RAGGRESS	,76	,73	,00	3,33	102	SCL-90-R-Variable (Rohwerte)
RANGST	,70	,58	,00	2,40	102	SCL-90-R-Variable (Rohwerte)
RDEPRESS	1,01	,83	,00	3,38	102	SCL-90-R-Variable (Rohwerte)
RGSI	,74	,50	,02	2,08	102	SCL-90-R-Variable (globaler Wert: Summe der Skalen, Rohwerte)
RPARANOI	,76	,59	,00	2,33	102	SCL-90-R-Variable (Rohwerte)
RPHOBIE	,48	,62	,00	2,86	102	SCL-90-R-Variable (Rohwerte)
RPSDI	1,62	,45	1,000	2,909	102	SCL-90-R-Variable (globaler Wert: Summe der Item-Mittelwerte, Rohwerte)
RPST	38,94	18,32	1,00	80,00	102	SCL-90-R-Variable (globaler Wert: Summe d. Items > 0, Rohwerte)
RPSYCHOT	,45	,46	,00	1,80	102	SCL-90-R-Variable (T-Werte)
RSOMA	,65	,62	,00	4,42	102	SCL-90-R-Variable (T-Werte)
RUNSICHE	1,00	,73	,00	2,78	102	SCL-90-R-Variable (Rohwerte)
RZWANG	,88	,58	,00	2,45	102	SCL-90-R-Variable (Rohwerte)
SCHAM.G	145,48	79,50	8,00	347,00	102	Schamsituationen (Summe)
SCHAM.JU	2,52	1,19	,00	4,00	102	Scham in der Jugend
SCHAM.R	1,15	,63	,06	2,75	102	Schamsituationen (Mittelwerte)
SCHAM0.G	2,87	6,80	,00	35,00	102	Schamsituation 0 (Summe)
SCHAM0.R	,08	,19	,00	,97	102	Schamsituation 0 (Mittelwerte)

SCHAM1.G	41,46	28,67	,00	130,00	102	Schamsituation 1 (Summe)
SCHAM1.R	1,15	,80	,00	3,61	102	Schamsituation 1 (Mittelwerte)
SCHAM2.G	46,43	31,83	,00	119,00	102	Schamsituation 2 (Summe)
SCHAM2.R	1,29	,88	,00	3,31	102	Schamsituation 2 (Mittelwerte)
SCHAM3.G	53,92	28,77	,00	124,00	102	Schamsituation 3 (Summe)
SCHAM3.R	1,50	,80	,00	3,44	102	Schamsituation 3 (Mittelwerte)
SCHULE	3,73	,80	1,00	6,00	102	Schulbildung
SEX	1,27	,45	1	2	102	Geschlechtsangabe
SOMA	55,85	13,59	5,00	80,00	102	SCL-90-R-Variable (T-Werte)
STIMM.G	8,68	6,35	,00	26,00	102	Stimmung, Schamsituationen (Summe)
STIMM0.G	,27	,63	,00	3,00	102	Stimmung, Schamsituation 0 (Summe)
STIMM1.G	1,72	2,38	,00	8,00	102	Stimmung, Schamsituation 1 (Summe)
STIMM2.G	3,52	2,63	,00	8,00	102	Stimmung, Schamsituation 2 (Summe)
STIMM3.G	3,11	2,27	,00	8,00	102	Stimmung, Schamsituation 3 (Summe)
UNSICHER	60,75	12,33	33,00	80,00	102	SCL-90-R-Variable (T-Werte)
ZWANG	59,54	11,79	31,00	80,00	102	SCL-90-R-Variable (T-Werte)

Tabelle 4: Statistische Kennwerte

Variable	Kurtosis S.E.	Kurt	Skewness S.E.	Skew	N
AGGRESS	-,83	,47	,19	,24	102
ALTER	,66	,47	1,06	,24	102
ANGST	-,80	,47	-,07	,24	102
BERUFSGR	-1,17	,47	,06	,24	102
DEPRESS	-,88	,47	-,08	,24	102
ESSPROBL	,42	,47	1,07	,24	102
FAMILIE	1,90	,47	1,24	,24	102
FILTER_$	-,97	,47	1,03	,24	102
GEHALT	-,65	,47	-,04	,24	102
GSI	-,55	,47	-,41	,24	102
HAUSHALT	-1,17	,47	,32	,24	102
INTEN.G	-,31	,47	,00	,24	102
INTEN0	10,92	,47	3,12	,24	102
INTEN1.G	-,81	,47	,32	,24	102
INTEN2.G	-,86	,47	-,02	,24	102
INTEN3.G	,15	,47	-,39	,24	102
KEMPF.G	-,30	,47	,46	,24	102
KEMPF0.G	18,91	,47	4,19	,24	102
KEMPF1.G	-,05	,47	,51	,24	102
KEMPF2.G	-,25	,47	,67	,24	102
KEMPF3.G	-,21	,47	,45	,24	102
KOGN.A.0	15,04	,47	3,65	,24	102
KOGN.A.1	1,12	,47	1,27	,24	102
KOGN.A.2	-,60	,47	,58	,24	102
KOGN.A.3	-,72	,47	,28	,24	102
KOGN.A.G	,04	,47	,77	,24	102
KOGN.B.0	67,85	,47	8,06	,24	102
KOGN.B.3	-1,15	,47	-,16	,24	102
KOGN.B.G	-1,12	,47	-,19	,24	102
KOGN.C.0	25,97	,47	5,18	,24	102

KOGN.C.1	5,89	,47	2,43	,24	102
KOGN.C.2	-,78	,47	-,60	,24	102
KOGN.C.G	-,41	,47	-,07	,24	102
KULTUR	2,13	,47	2,02	,24	102
PARANOI	-,70	,47	,00	,24	102
PHOBIE	-1,08	,47	,31	,24	102
PSDI	4,40	,47	-1,29	,24	102
PST	2,25	,47	-,83	,24	102
PSYCHOT	-1,03	,47	,13	,24	102
RAGGRESS	1,17	,47	1,33	,24	102
RANGST	-,16	,47	,85	,24	102
RDEPRESS	,07	,47	,97	,24	102
RGSI	-,48	,47	,70	,24	102
RPARANOI	,10	,47	,85	,24	102
RPHOBIE	2,56	,47	1,70	,24	102
RPSDI	-,25	,47	,67	,24	102
RPST	-,54	,47	,29	,24	102
RPSYCHOT	,65	,47	1,19	,24	102
RSOMA	13,68	,47	2,85	,24	102
RUNSICHE	-,01	,47	,89	,24	102
RZWANG	-,12	,47	,68	,24	102
SCHAM.G	-,07	,47	,57	,24	102
SCHAM.JU	-,75	,47	-,39	,24	102
SCHAM0	10,07	,47	3,18	,24	102
SCHAM1.G	1,00	,47	,94	,24	102
SCHAM2.G	-,75	,47	,34	,24	102
SCHAM3.G	-,60	,47	,05	,24	102
SCHULE	1,28	,47	-,54	,24	102
SEX	-,97	,47	1,03	,24	102
SOMA	,96	,47	-,73	,24	102
STIMM.G	,10	,47	,68	,24	102
STIMM0.G	6,81	,47	2,59	,24	102

STIMM1.G	,41	,47	1,28	,24	102
STIMM2.G	-1,00	,47	,32	,24	102
STIMM3.G	-1,08	,47	,18	,24	102
UNSICHER	-,62	,47	-,06	,24	102
ZWANG	-,68	,47	-,11	,24	102

2. Untersuchung

2.1. Teil I

Anschreiben und Anweisung an die Pbn:

Untersuchung zum Scham-Erleben

Sehr geehrte Damen und Herren,

nur zu gut erinnern sich viele Erwachsene an Situationen tiefer Scham, Erniedrigungen, Schmerzen und Demütigungen, die sie in ihrer Kindheit und Jugend erfahren mussten. Aber nicht nur in der Kindheit und Jugend wird Scham erlebt, sie ist allgegenwärtig. Häufig löst Scham bei den Betroffenen ein Gefühl von Unwürdigsein oder totalem Versagen aus. Am liebsten würde die Person „im Boden versinken". Oft entwertet und verachtet sie sich, mit niedergeschlagenem Blick, erstarrt, errötet ...

Ich führe dieses **Forschungsprojekt an der Universität Hamburg, Psychologisches Institut I**, zusammen mit Prof. Dr. Burger Heinze, im Rahmen meiner Doktorarbeit durch. Ziel ist es, durch eine Reihe verschiedener Untersuchungen Erkenntnisse über Scham zu gewinnen.

In dieser ersten Untersuchung sollen möglichst viele unterschiedliche **Schamsituationen** ermittelt werden.

Dazu bedarf es Ihrer Mithilfe. Mit Ihrer Teilnahme würden Sie ein interessantes Projekt unterstützen, mit dem einige Lücken in der Erforschung von Schamgefühlen möglicherweise geschlossen werden können.

Die Untersuchung wird selbstverständlich **anonym** durchgeführt und dient ausschließlich wissenschaftlichen Zwecken. Für das Ausfüllen benötigen Sie etwa **30 Minuten Zeit.** In der Anlage finden Sie einen **adressierten Freiumschlag** für die Rücksendung des Untersuchungsbogens. Für die **Rückgabe innerhalb von drei Wochen** (nach Erhalt des Bogens) bin ich Ihnen sehr dankbar. Bei **Rückfragen** wählen Sie bitte ☎ ...[81]

Vielen Dank für Ihre Unterstützung

Mit freundlichen Grüßen

Dipl.-Psych. Wolfgang Kalbe

---

[81] Die Telefonnummer wurde an dieser Stelle herausgenommen.

Wann und unter welchen Umständen empfindet eine Person Ihrer Meinung nach Schamgefühle? Bitte beschreiben Sie auf den vorgegebenen Seiten einige Ereignisse (kurz und in Stichworten).

Hier einige Angaben, die Ihnen die Beschreibungen erleichtern sollen:

Oft schämen sich Menschen, wenn sie vermuten, dass andere sehen bzw. erkennen:[82]

- „ich bin schwach, ich versage, bin dreckig, schmutzig, dumm"
- „ich habe keine Kontrolle über meinen Körper bzw. meine Gefühle"
- „ich werde sexuell erregt durch Leiden, Erniedrigung bzw. Schmerz (bei mir selbst oder bei anderen) oder habe andere spezielle sexuelle Vorlieben"
- „ich bin Opfer/Täter von Vergewaltigung, Misshandlung oder Missbrauch"
- „ich verletze Normen, Regeln oder begehe Gewalttaten"
- „mir unterlaufen Irrtümer, Fehler oder ich bin ungeschickt / verhalte mich respektlos"
- „ich bin arm, habe einen niederen sozialen Status, entstamme einer einfachen Familie"
- „ich bin nackt, krank, laut, energisch, ruhig, aggressiv, trinke, nehme Drogen"

Zwei Beispiele:[83]

1. Situation / Erlebnis / Umstände:

Bei einem gemeinsamen festlichen Essen hüpft mir das Hühnchen aus der Hand, einer Dame neben mir auf ihr Kleid. Die anderen Leute schauen mich an.

Ich bin sprachlos, werde knallrot im Gesicht, fange an zu schwitzen, fühle mich minderwertig, hilflos und möchte am liebsten im Boden versinken, ich renne aus dem Raum.

[82] Beschreibungen aus der zugrunde gelegten Literatur s. Kapitel II

[83] Sinngemäß entnommene Beispiele aus Zimbardo (1994)

2. Situation / Erlebnis / Umstände:
Ich bekomme auf der Straße plötzlich „Herzrasen“ und Atembeschwerden. Ich ringe nach Luft und habe Angst, in Ohnmacht zu fallen. Andere Leute drehen sich nach mir um, ich kann nicht mehr klar denken. Ich finde das sehr peinlich. Ich fühle mich machtlos, würdelos, minderwertig, werde rot, schwitze, wäre am liebsten unsichtbar, schließe die Augen.

Situation / Erlebnis / Umstände:[84]

Für statistische Zwecke werden noch einige allgemeine Angaben zu Ihrer Person benötigt.

(bitte Zutreffendes ankreuzen):

Geschlecht:	weiblich o	männlich o				
Alter:	18-29	30-39	40-49	50-59	60-69	70 u. älter
(in Jahren)	o	o	o	o	o	o
Berufsgruppe:						
Familienstand:						
Schulbildung:						

[84] Die Teilnehmer erhielten 5 dieser Formatvorlagen.

Eigene Anmerkung zur Untersuchung:

____

____

____

Datum:

Vielen Dank für Ihre Unterstützung.

2.2. Teil II

Aushang im Psychologischen Institut III der Universität Hamburg

Versuchspersonen gesucht

(4 – 5 VP-Stunden)

Thema: Schamgefühle

Wenn Ihr Interesse habt, dann tragt Euch bitte mit Eurem Namen und Eurer Telefonnummer in die nachfolgende Liste ein, der Versuchsleiter wird sich bei Euch melden.

Name:	**Telefon:**

Aufforderung an die Vpn: (Induktion der Emotion Scham)

Arbeits-Anweisung: [85]

1. Lesen Sie bitte die Situation.

2. Schließen Sie die Augen und stellen Sie sich die Situation vor.

3. Öffnen Sie nun Ihre Augen und nehmen Sie die Bewertung/Einschätzung anhand der beigefügten Liste vor.

Für die Untersuchung werden noch einige allgemeine Angaben zu Ihrer Person benötigt:

Geschlecht:

Geburtsdatum:

Beruf:

Familienstand:

Schulbildung:

Eigene Anmerkung zur Untersuchung:

Datum:

[85] Zu den Situationen siehe III, 3.1.6.1.: Liste der (Scham-)Anlässe

Ausschnitt aus dem Bewertungsbogen:[86]

	1. Situation	....	48. Situation
Intensität/Häufigkeit/Dauer des Schamgefühls			
Wie belastend, unangenehm ist die Situation für Sie? (Werte: 1 bis 10)			
Häufigkeit der oder ähnlicher Situation (für Sie)? Werte: 1 = immer wieder; 2 = oft; 3 = manchmal; 4 = nie			
Dauer der Belastung: 1 = Sekunden; 2 = Minuten; 3 = Stunden; 4 = ständige gedankliche Wiederholung			
Körperempfinden			
Mein Gesicht wird rot (Werte: 1 bis 10)			
Meine Ohren werden heiß (Werte: 1 bis 10)			
Ich zittere (Werte: 1 bis 10)			
Mein Herz rast (Werte: 1 bis 10)			
Ich empfinde starke Hitze (Schweißausbruch) (Werte: 1 bis 10)			

s. III, 3.2.2.1., Die (53) Items

[86] Das gesamte Inventar besteht aus 8 DIN-A4-Seiten: der Anweisung, den 48 Situationsbeschreibungen und den 6 Bewertungsbögen, in deren jeweiligen Zellen der ersten Zeile die Nummern der jeweils zu bewertenden Situationen eingetragen sind (1–8, 9–16, 17–24, 25–32, 33–40, 41–48). In der ersten Spalte finden sich die 53 Items zur Einschätzung der Situationen.

2.3. Teil III

Telefaxe an die Lokalredaktionen Hamburger Tageszeitungen mit der Bitte um Veröffentlichung

Forschungsprojekt zum Schamerleben an der Universität Hamburg, Psychologisches Institut I

Der Konflikt zwischen Selbstverwirklichung und Gemeinschaftszugehörigkeit hat mit Angst und vor allem Scham zu tun.

Durch eine Reihe von Voruntersuchungen und Analysen konnten durch die Unterstützung von Psychologiestudentinnen und -studenten der Universität Hamburg einige bedeutende Schamsituationen ermittelt werden.

Gesucht werden nun interessierte Personen, die die ausgewählten Schamerlebnisse bewerten und Angaben zu ihrem körperlich-psychischem Wohlbefinden machen.

Ziel des Forschungsprojekts ist es unter anderem, die folgenden Fragen zu beantworten:

Gibt es Menschen, denen selten oder nie etwas peinlich ist?
Gibt es Personen, die sich schämen, wenn sie nur im Blick der Öffentlichkeit stehen?
In welcher körperlich-psychischen Verfassung befinden sich die jeweiligen Personen?

Das Forschungsprojekt leiten Dipl.-Psych. Wolfgang Kalbe und Professor Dr. Burger Heinze am Psychologischen Institut I für Allgemeine Psychologie der Universität Hamburg. Alle Angaben werden anonym behandelt und dienen ausschließlich wissenschaftlichen Zwecken.

Die Teilnehmerinnen und Teilnehmer erhalten auf Wunsch eine schriftliche Auswertung ihrer persönlichen Einschätzungen zugeschickt.

Interessenten wählen bitte eine der folgenden Hamburger Rufnummern: ...[87] Die Unterlagen werden ihnen dann per Post zugeschickt.

Mit freundlichen Grüßen

[87] Die Rufnummern wurden an dieser Stelle herausgenommen.

Anschreiben an die Pbn:

UNIVERSITÄT HAMBURG

Dipl.-Psych. Wolfgang Kalbe

c/o

Professor Dr. Burger Heinze

PSYCHOLOGISCHES INSTITUT I

Von-Melle-Park 11

20146 Hamburg

Hamburg, im November 1998

Untersuchung: Scham-Erleben und körperlich-psychisches Wohlbefinden

Sehr geehrte Damen und Herren,

der Konflikt zwischen Selbstverwirklichung und Gemeinschaftszugehörigkeit hat mit Angst und vor allem mit Scham zu tun. Nach einer Reihe von Voruntersuchungen und Analysen konnten durch die Unterstützung von Psychologiestudentinnen und -studenten der Universität Hamburg einige bedeutende Schamsituationen ermittelt werden.

In der vorliegenden Befragung werden Sie gebeten, die ausgewählten Schamerlebnisse zu bewerten und Angaben zu ihrem körperlich-psychischen Wohlbefinden der letzten 7 Tage zu machen.

Ziel der Ermittlung ist es unter anderem, die folgenden Fragen zu beantworten:
Gibt es Menschen, denen selten oder nie etwas peinlich ist?
Gibt es Personen, die sich schämen, wenn sie nur im Blick der Öffentlichkeit stehen?
In welcher körperlich-psychischen Verfassung befinden sich die jeweiligen Personen?
Das Forschungsprojekt leiten Dipl-Psych. Wolfgang Kalbe und Professor Dr. Burger Heinze, am Psychologischen Institut I für Allgemeine Psychologie der Universität Hamburg.

Alle **Angaben** werden **anonym** behandelt und dienen ausschließlich wissenschaftlichen Zwecken. Für das Ausfüllen benötigen Sie etwa **30 Minuten Zeit**.

Die Teilnehmerinnen und Teilnehmer erhalten **auf Wunsch** eine kurze, **schriftliche Auswertung** ihrer persönlichen Einschätzungen zugeschickt. Dafür ist es notwendig, dass Sie Ihren Namen und die Adresse auf dem Rückumschlag angeben. Die Auswertung wird Ihnen dann zugeschickt. Die Anonymität wird selbstverständlich auch in diesem Fall zugesichert. Sollten Sie keine persönliche Auswertung wünschen, dann schicken Sie den Bogen bitte ohne Absenderangabe zurück.

Vielen Dank für Ihre Mitarbeit.

Mit freundlichen Grüßen

Der SFB

Anleitung:[88]

Bitte lesen Sie die folgenden Situationen sorgfältig durch. Stellen Sie sich die jeweilige Situation dann vor. Machen Sie hinter jeder Einschätzung ein Kreuz. Bitte überlegen Sie nicht erst, was einen „guten Eindruck" machen könnte, sondern antworten Sie so, wie es für Sie persönlich am besten zutrifft.

Beispiel	überhaupt nicht / ein wenig / ziemlich / stark / sehr stark
Ihre Einschätzung: **Mein Gesicht wird rot** Wenn bei Ihnen diese Einschätzung „sehr stark" zutrifft, dann kreuzen Sie [4] = „sehr stark" an	0 1 2 3 X

	Situation 1: Bei einer **mündlichen Prüfung** wird meine **Aufregung** bemerkt. überhaupt nicht / ein wenig / ziemlich / stark / sehr stark	Situation 2: Ich muss vor anderen Personen **frei reden.** Alle schauen mich erwartungsvoll an und sehen, dass ich **aufgeregt** bin. überhaupt nicht / ein wenig / ziemlich / stark / sehr stark
Intensität:		
Wie unangenehm ist diese Situationen für Sie?	0 1 2 3 4	0 1 2 3 4
Körper-Empfinden:		
Ich zittere	0 1 2 3 4	0 1 2 3 4
Mein Herz rast	0 1 2 3 4	0 1 2 3 4
Ich spüre Übelkeit im Magen	0 1 2 3 4	0 1 2 3 4
Ich erstarre, ich verkrampfe mich	0 1 2 3 4	0 1 2 3 4
Mein Gesicht wird rot	0 1 2 3 4	0 1 2 3 4
Meine Ohren werden heiß	0 1 2 3 4	0 1 2 3 4
Ich empfinde starke Hitze	0 1 2 3 4	0 1 2 3 4
Gedanken/Bewertungen:		
Ich bin würdelos	0 1 2 3 4	0 1 2 3 4
Ich bin weniger wert	0 1 2 3 4	0 1 2 3 4

[88] SFB, Situationen 1 bis 7

Ich bin bloßgestellt	0 1 2 3 4	0 1 2 3 4
Ich bin lächerlich	0 1 2 3 4	0 1 2 3 4
Ich möchte am liebsten im Boden versinken	0 1 2 3 4	0 1 2 3 4
Ich bin taktlos	0 1 2 3 4	0 1 2 3 4
Ich bin respektlos	0 1 2 3 4	0 1 2 3 4
Die/der Andere(n) ist/sind respektlos	0 1 2 3 4	0 1 2 3 4
Die/der Andere(n) verachtet(n) mich	0 1 2 3 4	0 1 2 3 4
Stimmung:		
Ich empfinde Trauer, Niedergeschlagenheit	0 1 2 3 4	0 1 2 3 4
Sonstiges: *(bitte angeben)*	0 1 2 3 4	0 1 2 3 4

	Situation 3: Ich sitze vormittags, **völlig ungestört im Zug** (oder S-Bahn, U-Bahn). In meinem Abteil befinden sich außer mir noch andere Personen. überhaupt nicht / ein wenig / ziemlich / stark / sehr stark	Situation 4: In einer Gruppe werde ich in **negativer Weise auf mein „Äußeres" angesprochen** (z.B. wegen Pickel im Gesicht, meiner Frisur, Körperbau ...). Man macht sich über mich lustig. überhaupt nicht / ein wenig / ziemlich / stark / sehr stark
Intensität:		
Wie unangenehm ist diese Situationen für Sie?	0 1 2 3 4	0 1 2 3 4
Körper-Empfinden:		
Ich zittere	0 1 2 3 4	0 1 2 3 4
Mein Herz rast	0 1 2 3 4	0 1 2 3 4
Ich spüre Übelkeit im Magen	0 1 2 3 4	0 1 2 3 4
Ich erstarre, ich verkrampfe mich	0 1 2 3 4	0 1 2 3 4
Mein Gesicht wird rot	0 1 2 3 4	0 1 2 3 4
Meine Ohren werden heiß	0 1 2 3 4	0 1 2 3 4
Ich empfinde starke Hitze	0 1 2 3 4	0 1 2 3 4
Gedanken / Bewertungen:		
Ich bin würdelos	0 1 2 3 4	0 1 2 3 4
Ich bin weniger wert	0 1 2 3 4	0 1 2 3 4
Ich bin bloßgestellt	0 1 2 3 4	0 1 2 3 4
Ich bin lächerlich	0 1 2 3 4	0 1 2 3 4
Ich möchte am liebsten im Boden versinken	0 1 2 3 4	0 1 2 3 4
Ich bin taktlos	0 1 2 3 4	0 1 2 3 4
Ich bin respektlos	0 1 2 3 4	0 1 2 3 4
Die/der Andere(n) ist/sind respektlos	0 1 2 3 4	0 1 2 3 4
Die/der Andere(n) verachtet(n) mich	0 1 2 3 4	0 1 2 3 4
Stimmung		
Ich empfinde Trauer, Niedergeschlagenheit	0 1 2 3 4	0 1 2 3 4
Sonstiges: *(bitte angeben)*	0 1 2 3 4	0 1 2 3 4

	Situation 5:	Situation 6:
	Ein(e) Mitarbeiter(in) macht vor allen anderen **eine sexuell anstößige Bemerkung bezüglich meiner Person.** Mir fehlen die Worte. Ich kann mich nicht wehren.	Ich **beobachte heimlich eine andere Person, während sie sich entkleidet** (z.B. in der Toilette oder beim Umziehen in einer Kabine ...), plötzlich werde ich ertappt.
	überhaupt nicht / ein wenig / ziemlich / stark / sehr stark	überhaupt nicht / ein wenig / ziemlich / stark / sehr stark
Intensität:		
Wie unangenehm ist diese Situationen für Sie?	0 1 2 3 4	0 1 2 3 4
Körper-Empfinden:		
Ich zittere	0 1 2 3 4	0 1 2 3 4
Mein Herz rast	0 1 2 3 4	0 1 2 3 4
Ich spüre Übelkeit im Magen	0 1 2 3 4	0 1 2 3 4
Ich erstarre, ich verkrampfe mich	0 1 2 3 4	0 1 2 3 4
Mein Gesicht wird rot	0 1 2 3 4	0 1 2 3 4
Meine Ohren werden heiß	0 1 2 3 4	0 1 2 3 4
Ich empfinde starke Hitze	0 1 2 3 4	0 1 2 3 4
Gedanken/Bewertungen:		
Ich bin würdelos	0 1 2 3 4	0 1 2 3 4
Ich bin weniger wert	0 1 2 3 4	0 1 2 3 4
Ich bin bloßgestellt	0 1 2 3 4	0 1 2 3 4
Ich bin lächerlich	0 1 2 3 4	0 1 2 3 4
Ich möchte am liebsten im Boden versinken	0 1 2 3 4	0 1 2 3 4
Ich bin taktlos	0 1 2 3 4	0 1 2 3 4
Ich bin respektlos	0 1 2 3 4	0 1 2 3 4
Die/der Andere(n) ist/sind respektlos	0 1 2 3 4	0 1 2 3 4
Die/der Andere(n) verachtet(n) mich	0 1 2 3 4	0 1 2 3 4
Stimmung:		
Ich empfinde Trauer, Niedergeschlagenheit	0 1 2 3 4	0 1 2 3 4
***Sonstiges:** (bitte angeben)*	0 1 2 3 4	0 1 2 3 4

	Situation 7: Ich **bedränge eine Person und verhalte mich gegen sie distanzlos.** Obwohl ich in aggressiver Art und Weise die Grenzen dieser Person verletzt habe, ist sie zu mir dennoch höflich und fair, ja sogar fürsorglich.
	überhaupt nicht / ein wenig / ziemlich / stark / sehr stark
Intensität:	
Wie unangenehm ist diese Situationen für Sie?	0 1 2 3 4
Körper-Empfinden:	
Ich zittere	0 1 2 3 4
Mein Herz rast	0 1 2 3 4
Ich spüre Übelkeit im Magen	0 1 2 3 4
Ich erstarre, ich verkrampfe mich	0 1 2 3 4
Mein Gesicht wird rot	0 1 2 3 4
Meine Ohren werden heiß	0 1 2 3 4
Ich empfinde starke Hitze	0 1 2 3 4
Gedanken/Bewertungen:	
Ich bin würdelos	0 1 2 3 4
Ich bin weniger wert	0 1 2 3 4
Ich bin bloßgestellt	0 1 2 3 4
Ich bin lächerlich	0 1 2 3 4
Ich möchte am liebsten im Boden versinken	0 1 2 3 4
Ich bin taktlos	0 1 2 3 4
Ich bin respektlos	0 1 2 3 4
Die/der Andere(n) ist/sind respektlos	0 1 2 3 4
Die/der Andere(n) verachtet(n) mich	0 1 2 3 4
Stimmung:	
Ich empfinde Trauer, Niedergeschlagenheit	0 1 2 3 4
Sonstiges: *(bitte angeben)*	0 1 2 3 4

Wie sehr litten Sie in Ihrer Kindheit/Jugend unter Schamgefühlen?	0 1 2 3 4

Teil C der Befragung:

C) Allgemeine Fragen
Bitte kreuzen Sie die jeweils zutreffende Antwort an.

1. Geschlecht:
- ☐ weiblich
- ☐ männlich

2. Alter (in Jahren):
- ☐ unter 21
- ☐ 31-40
- ☐ 51-60
- ☐ 21-30
- ☐ 41-50
- ☐ 61 und älter

3. Mit welchen Sitten und Gebräuchen sind Sie aufgewachsen?
- ☐ deutsche
- ☐ andere (bitte angeben):

4. Schulabschluss:
- ☐ kein Schulabschluss
- ☐ Realschulabschluss
- ☐ abgeschlossenes Studium
- ☐ Hauptschulabschluss
- ☐ Abitur
- ☐ anderer (bitte angeben):

5. Familienstand / Haushalt
- ☐ verheiratet
- ☐ verwitwet
- ☐ alleinlebend
- ☐ Ledig
- ☐ geschieden/getrennt
- ☐ sonstiges (WG, Eltern...)
- ☐ zusammenlebend mit Lebenspartner(in)

6. Finanzielle Lage
- ☐ schlecht
- ☐ mittel
- ☐ gut

7. Beschäftigung: *(bitte kreuzen Sie die Gruppe an, der Sie zuletzt angehörten)*
- ☐ Freier Beruf
- ☐ Angestellte(r)
- ☐ Beamter (Beamtin)
- ☐ Sonstige(r) Arbeiter(in)
- ☐ Selbständige(r)
- ☐ Landwirt(in)
- ☐ Leitende(r) Angestellte(r)
- ☐ Rentner
- ☐ Schüler/Student
- ☐ andere (bitte angeben):

8. Eigene Anmerkungen, Ergänzungen zur Untersuchung:

Datum:

Vielen Dank für Ihre Bemühungen.

Anmerkungen und Sonstiges der Pbn:

Tabelle 2: Zusammenfassende Übersicht der Anmerkungen und Ergänzungen der Vpn

idfnr[89]	Ergänzungen
1	
2	
3	
4	Weinen – scham3
5	
6	Mitleid d. anderen - scham1
7	unsicher – scham1
8	
9	
10	
11	
12	türkisch
13	schlechtes Gewissen – scham3, Wut – scham2
14	
15	
16	koreanisch
17	
18	Stottern – scham1, 2 u. 3
19	Wut – scham2
20	Entschuldigen – scham3
21	
22	Stress – scham1, Wut – scham2, entschuldigen – scham3; russisch
23	Lachen – scham3
24	
25	
26	unsicher – scham1
27	Weinen , fast Ohnmacht – scham1
28	
29	
30	Vater Afrikanisch, Mutter jüdisch, Wut – scham2

[89] Identifikationsnummer der Pbn

31	
32	ohne Kontrolle – scham1, Störung – scham2 u. 3
33	
34	entspannt – scham2, Starre im Kopf – scham1
35	Ärger – scham2
36	Versprechen – scham1, oberpeinlich – scham3
37	bin lustig, verständnisvoll, humorvoll
38	alles ist sinnlos – scham1, der Wunsch, anders zu sein – scham3
39	Stottern – scham1
40	Kontern – scham2, thailändisch
41	
42	Schwach – scham1
43	rede schnell – scham1, kann nicht aufhören – scham3
44	Wut – scham3
45	Machtlosigkeit – scham2
46	
47	Wut – scham2, entspannt/neutral – scham0
48	
49	pakistanisch
50	
51	Wut – scham2
52	
53	
54	
55	
56	
57	Wut – scham2, verwirrt – scham3
58	
59	unsicher – scham0, Wut – scham2, Harndrang – scham1
60	
61	
62	feuchte Hände – scham1
63	
64	Wut – scham2
65	Wut, hilflos zu sein – scham2
66	
67	

68	
69	slowakisch
70	
71	
72	
73	brauche frische Luft – scham0 u. 2
74	
75	
76	Kloß im Hals – scham1
77	
78	unkonzentriert – scham1, spanisch
79	
80	Kontrollverlust – scham1, französisch/schweizerisch
81	
82	
83	Unsicherheit – scham1
84	Dumm – scham1, eingeengt – scham0, Wut – scham2, Schuld – scham3
85	angst vor Versagen – scham1
86	Hektik – scham1
87	bin ganz unten – scham2
88	
89	Wut – scham2, Angst vor Versagen – scham1
90	irisch
91	Selbstverachtung – scham3
92	
93	
94	
95	
96	
97	
98	Angst vor zukünftigem Versagen – scham1, 2 u. 3
99	
100	
101	
102	

Auswertung des Ankreuzverhaltens (Antwortschreiben an die Pbn)

Persönliche Auswertung (7 Tage Befindlichkeit/Schamempfinden)

Liebe Teilnehmerin, lieber Teilnehmer,

vielen Dank, dass Sie sich die Zeit genommen haben, unsere Untersuchung zu unterstützen. Es hat etwas länger gedauert, die vielen Zuschriften zu verarbeiten und auszuwerten.

Bitte beachten Sie, dass mit der Auswertung keinerlei Bewertung Ihrer Person bezüglich Ihres Denkens, Handelns oder Fühlens vorgenommen werden soll.

Die Auswertung zeigt lediglich Tendenzen Ihres Ankreuzverhaltens auf.

Für weitere Fragen stehe ich Ihnen gerne zur Verfügung.

A) **Ihr Ankreuzverhalten bezüglich der Befindlichkeit:**[90]

	gar nicht	*ein wenig*	*etwas*	*stärker*
Körperliche Beschwerden				
Sorgen über die alltäglichen Lebensprobleme				
Unsicherheit im Sozialkontakt				
Niedergeschlagenheit				
Nervosität, Ängstlichkeit				
Reizbarkeit, Gefühl von Bedrohung				
Angst vor Orten, Plätzen oder Menschenmengen				
Angst vor Vertrauensmissbrauch				
Entfremdungs- oder Einsamkeitsgedanken Wenig Gefühlsausdruck				

[90] Die Beschreibungen entsprechen den SCL-90-R-Scalen.

B) Ihr Ankreuzverhalten bezüglich des Schamempfindens:

	gar nicht	*ein wenig*	*etwas*	*stärker*
Scham bei der Vermutung durch andere herabgesetzt zu werden, z. B. wenn andere negativ über Ihr Äußeres reden, Sie als „Sexualobjekt" sehen oder wenn Sie denken, dass andere Sie auslachen.				
Scham, wenn Sie im Rampenlicht stehen und andere Ihre Aufregung als Schwäche, Angst oder Unsicherheit interpretieren könnten.				
Scham, wenn andere Sie betrachten können, z.B. in der Bahn oder im Bus... .				
Scham, wenn Sie selbst gesellschaftliche Regeln nicht einhalten und dabei entdeckt werden, z. B. Macht über andere ausüben, andere als „Sexualobjekt" sehen.				

www.ingramcontent.com/pod-product-compliance
Ingram Content Group UK Ltd.
Pitfield, Milton Keynes, MK11 3LW, UK
UKHW021904290926
8980IPUK00015B/1037

9 783631 503096